私は貝になりたいvol・3

乾坤一擲わんざくれ

はじめに

私は、２０１７年12月９日に古希を迎えた。

その日、私は故郷である静岡県掛川市の老人ホームにいる92歳の母・高須かね子に面会するために、独りぼっちで新幹線こだま号の始発のグリーン車に乗った。車内には、私しか乗っていない……。

ガランとした席で、窓に映る自分の姿を見ながら、１９６５年３月18日に上京した〝18歳の私自身〟を思い出した。

「モッちゃん、前途は洋々よ!!　まっすぐに生きなさい……」

東海道線の掛川駅で、そう語りかけてきた40歳の母を想った。

私が子供頃から18歳まで使っていた小さな勉強机は、この母のたったひとりのきょうだいである兄、元日本帝国陸軍兵士、川出喜一郎が使っていたものだった。

シベリアから帰国した喜一郎は、私をヒザに抱く母に向い、「処女のままでいてほしかった……」と、ポツリと嘆いたという。喜一郎は、まもなく結核になり夭逝した。

私は叔父・喜一郎の顔は覚えていないが、その嫁は、叔父が亡くなり未亡人になった後に破天荒な人生を歩んだらしく、母の父である祖父・川出幸三郎が死んだ病院で、母は「来院するのが遅い!!」とその兄嫁に対し、〝万感〟を込めた怒りの一撃を加えたのだ。

私が人を殴る母を見たのは、初めてであった。

そして10年ほど前、祖父の代から続いた〝紙箱製造業〟の小商いを実弟が倒産させると、消え行く家業から目を逸らすかのように、母は自宅兼工場をいち早く離れた。その時、「モッちゃんの机を土産にする……」と車に積み込み、東京にいる私の元に自ら届けたのが喜一郎から受け継がれた机だった。そして、２年前、母は90余年のすべてを捨て去り、掛川市の山合いにある老人ホームに入った……。

母が、常に私に言い聞かせた言葉がある。

「家庭内鎖国は絶対ダメよ!!」

祖父・幸三郎の自宅兼工場の中には、いつも湯が沸いていて、町内の友達、親せき、取引先が次々に「コンチワ」と家の中に上がりこんでは、お茶を飲んでいた。

その湯飲み茶碗の数は、常に50個余りあり、客人ごとのいわば〝マイカップ〟を用意していたのだ。祖父が茶を入れ、祖母が差し出し、次から次へと現れる来客と、ゴクリと緑茶を楽しみながら、とりとめのない話をしつつ仕事の手を休めていた。

私は子供の頃から、〝千客万来〟の楽しさを知っていた。

その極意は、来客専用のデザインの違う湯飲み茶碗を用意することにあった。

私は、家庭内鎖国どころか、他者に対する内心鎖国すらやらずに、全てを明らかにして生きてきた……。

そして、常に、モッツ出版社内に人が集まることを楽しみに、客人にはビールから日本酒までをお茶代わりに出しつづけてきた。

今、モッツ出版は設立25周年を迎えた!!

——仕事やメディア活動を通じて、高須マニアは5000名を超した。

私の自室には、いわば母の遺品のような小さな机がポツンとある。すべては、子供の頃にこの机で様々なことを学んだことから始まった。

私は古希で70歳!!

実母のかね子は92歳。

永いお付き合いになった……。

古希という記念すべき年に刊行できたこの本は、雑誌「月刊サイゾー」の2014年以降に掲載された連載を「女」「男」「日本」という3つのテーマに括って、まとめたものである。

私の毀誉褒貶、そして激しく浮き沈みしたこの4年間を記録したものだ。ところどころに矛盾はあるだろうが、それこそが私そのものであるから許してほしい。

出版するにあたり、息子のように可愛がっているサイゾーの揖斐社長、娘のように接している編集者の安楽の協力を得た。この２人には、約20年にわたり、お世話になっている……。

感謝!!

２０１７年12月　高須基仁

目次

第一章

女、そして男

あやふやな血筋に頼らない「縁筋」元年到来
大沢樹生と喜多嶋舞の子の本当の父親は……。

2014年2月号掲載

少子化問題が大きな問題となっている中、2013年は、手塩にかけて育ててきた我が子が、自分の子どもではなかったということが映画（『そして父になる』）にもなり、60年前に実際に起きた、新生児取り違え事件も報じられた。同様のことは過去にもいくらでもあっただろうが、はっきりと確かめるすべがなかった。今はDNA親子鑑定があるから、状況が一変したわけだ。

我が子が他人の子であるという悲劇の原因は2通りある。ひとつは、映画や60年前の事件の原因ともなった、産院での新生児の取り違え。

もうひとつは、大沢樹生のように、女が同時期に複数の男と性交渉し、女自身も誰が父親かはっきりわからないという場合である。女は「わからないけど、いいや」と確信的に産んでいるに違いない。DNA鑑定なんて通常はしないだろうから、口を拭われたら男は絶対にわからない。血筋とは、そんなあやふやなものなのである。

血筋について考えるときの別の側面として、フクシマの原発事故がある。親となるべき人たちは子どもの安全を考え、ベターな選択を一時的にするしかない状況である。ベストの選択はどこにもない。

私の記憶によれば、かつて60年代に大橋巨泉は、「こんな光化学スモッグだらけの日本で子どもをつくったら、子どもが不幸になる」と、パイプカットをして、妻で14歳年下のアイドル・浅野寿々子と伊豆に移住した。前妻のマーサ三宅というジャズ歌手との間には子どもがいたが、「もう俺の血は残さない」ということなのだろう。

日本は50年代後半から環境汚染が始まり、光化学スモッグと強烈な異臭が続いた。30〜40年くらいたった頃からなんとなくよくなったが、ほんの少し前まで「正月は工場が止まるから、空がきれいだね」なんて言ったものだ。今は中国の環境汚染が問題となっているが、日本の例から考えるに少なくともあと20年は汚染物質が飛んでくるだろう。

大沢は、私が主催する「熟女クイーンコンテスト」や「ミスシンデレラ仙台大会」にゲストとしても来てくれた。モッツ出版15周年パーティの時も登壇して挨拶し、祝辞を述べてくれている。嘘がつけない実直な男だ。

放射性物質にPM2・5。それが子どもにどのような影響をもたらすかわからない。ただ、漠然と「血筋がつながらないかもしれない」という危機感を持たざるを得ない時代が来たように感じる。

子どもをつくらない人が増えているのは、動物的カンで「危ない」とわかっているからではないだろうか。「こんな身も蓋もない状況において、子孫を残すという形でつながることにこだわるのはナンセンスだ。縁は違う形でつなげばいい」と感じているのではないか。60年代の巨泉の論理が今生きている。血筋ではないつながり、人の縁による「縁筋」を求めるのである。

さて、大沢樹生である。元妻・喜多嶋舞は、大沢と結婚前より知り合いだったW氏と大沢を天秤にかけた。当時、大沢はVシネのやくざ役として定着しだしたものの、彼女もヘアヌード写真集を出して稼ぐしかない状況だった。一方、W氏は東大出身で収入が安定している大手出版社勤務。飯島愛の自伝『プラトニック・セックス』のプロデューサーとしても有名だった。喜多嶋はそんなW氏を選び、大沢と離婚、1年10カ月後にW氏と再婚した。W氏も飯島との結婚の噂があったが、離婚直後の喜多嶋を選んだ。

したたかな喜多嶋は、再婚後すぐにW氏との間に子どもをつくった。もしかしたら第一子と第二子は似ているかもしれない。仮に、長男がW氏の子だったとしたら……。

さすがにそれは考えすぎだと思うが、ババを引いたのは大沢だ。元妻を信用して親権をとり、息子に「虐待された」と告発されても、「被害妄想だ」として懸命に育てた。大沢は私に言った。「息子に対して愛もあります、情もあります」。血筋ではない縁をつないでいこうという意志が見られる。

私が、大沢と知り合ったのは、10年ほど前、熱海の岡本ホテル2号店（11年、詐欺事件が発覚し破産）のオープニングパーティ。「昭和枯れすすき」のさくらと一郎とともに、大沢も私もゲストとして呼ばれた。光GENJI時代は顔がバタくさすぎてローラースケートが似合わず、諸星らに押されて4番手くらいだったが、実際に会ってみるとめちゃめちゃピュアでいいやつだった。気が合ったため、私の関連イベントにもよく顔を出してくれた。私の前ではきちんとしていて、息子への愛情も伝わってきたが、ただ、ある不動産会社社長とつるんで、合法薬物の匂いがする怪しい動きをしていたことが気になった。

　結論として言いたいことは、少子化は気にするなということだ。人間はみなどこの馬の骨ともわからない。それでいいんだ。一期は夢よ、ただ狂へ——団鬼六が座右の銘にしていた「閑吟集」の言葉を思い出す。

【今月の懺悔】

ギャラの安さから、熟女クイーン審査員を辞退したやくみつるが、ラジオで爆笑問題に「熟女優の審査が楽しくてたまらない」と語っていたのを聞いた。だから和解します。

小保方氏はジジイの妄想に輪姦されたスケープゴート あれはねつ造ではなくアップリケ、まったく問題ない！

2014年5月号掲載

「見て見ぬふり」「片目をつぶる」は、大人の所作として必要である。すべてを白日の下に晒す必要はないし、どうせ晒したところで本当のことはわからないこともある。だから、そのままにしておいたっていい。

小保方晴子氏の件もそうだ。論文にねつ造があるのではないかとやり玉に挙げられているが、細胞生物学なんて、ほとんどの人がなんだかよくわかっていないはず。「ねつ造だ」「間違いがある」という理研やメディアといった権力側の指摘を鵜呑みにしているだけだろう。その上、再生医療の最終目標は不老不死、四苦八苦からの解放である。すなわち、神への挑戦。そういっただけで、拒否反応を示す人も少なくない。

なおかつ、それが三界に家が無い〝女ごとき〟がやったからという下世話な視点もある。「こんな研究をする女はいかがなものか」という心理は絶対的にあると思う。男の妬み嫉みの真ん中に立たされて、〝したたかな女〟というイメージが、権力を持ったおじさんたちの中に作られた。

博士論文の一部をコピペしていたと指摘されているが、そんなもの大学では日常茶飯事だ。普通は黙殺されて外部に出てこない。博士論文なんて、どういうことを考えたかを書けばいいのであって、100%クリエイションする必要はないのだ。クリエイションとコピーが50：50なら許容範囲。それはコピーではなく、アップリケ（切り貼り）。着眼点さえ新しければいい。

STAP細胞の研究についても、これだけ科学が日進月歩する中で、これまでの研究を踏襲せず、まったくゼロからクリエイションすることはそうあるものではない。難病克服、若返り、不老不死という最終的なオブジェクトさえしっかりしていれば、過程はアップリケせざるを得ないと私は思うし、その過程でのミスや誇張などは瑣末な問題だ。

それより、気になるのは、自分で望んだのか望まなかったのかわからないが、割烹着を着て、スカートの下にペチコートを穿いていたこと。あれはモダンガール、女給の出で立ち。男の妄想そのものだ。しかも、脂性なのか、顔がいつもテカテカしている。ジジイはカサカサよりテカテカの肌の女が好き。ジジイたちの妄想によって外見を作られたと

百瀬博教さん、真樹日佐夫さん、安西水丸さん……男が惚れる男が、またひとりいなくなった。だが、俺は元気だ！　今日も、シースルーコンパニオンで人気の、熱海にある「離れの宿 ほのか」で活力を注入中である。

いってもいい。小保方氏は、妄想に輪姦されたのだ。

小保方氏は、おやじたちに担がれ、落とされ、スケープゴートにされたのだ。だが、まだ道はある。最後はアメリカに逃げればいい。研究者としていくらでもロンダリングして、一発逆転できるぞ。

「現代のベートーベン」こと佐村河内守の存在も、エンターテインメントの世界では許容の範囲だと私は思う。ゴーストライターを使い、経歴に嘘があるミュージシャンやタレントなどゴマンといる。

そもそも日本の音楽はほとんどコピー。ドラマも映画もそう。70年代のジュリーの歌い方・踊り方はミック・ジャガーの真似。石原裕次郎の主演映画『夜霧よ今夜も有難う』は、『カサブランカ』の真似。それはコピーではなくアップリケ。どこもかしこもそんなものなんだ。大した問題ではない。片目をつぶって見て見ぬふりをすればいい。

朝日新聞のウェブ版の連載コラム「ウソうだん室」で小保方氏を取り上げ、叩かれたあげく連載打ち切りになった今井舞さんよ。佐村河内を取り上げた回では、彼に扮して会見を「高須基仁氏から、ぜひ仕切らせて欲しいとのお話も頂きました」などと書いていたな。内容については、まあいい。ただ、こういう妄想Q&Aをやるなら徹底してやりなさい。腰の据わっていない朝日新聞のネットなんかでやらず、紙媒体でやれ。「サイゾー」でもいい。

あなたの言っていることは、ナンシー関のエピゴーネン。「週刊文春」（文藝春秋）はナンシーの匂いがすると思って、あなたを使っているのだろう。もうひとり、ナンシーのエピゴーネンがいる。マッコ・デラックスだ。マッコは、私が「ナンシーを読んで勉強しろ」と助言したせいだが、今井とマッコをナンシーのねつ造人物と呼びたい。

　異形のナンシーはテレビに出ず、紙媒体だけで活躍した。マッコは異形だがテレビには出る。今井は美しいがテレビには出ない。そこはそれぞれ違うが、ナンシーのアップリケであることは間違いない。

だから、今井さんよ、ナンシーがクリエイションしたカテゴリから逸脱するのはやめなさい。一歩出ようとすると、このように問題が起こる。ナンシーを徹底的にアップリケしろ。

　フェイクファーがあるように、フェイクＳＴＡＰ細胞、フェイク交響曲、フェイクコラムがあっていい。アップリケ万歳！

【今月の懺悔】

盟友・安西水丸さんが亡くなった。SM好きで、とてもエロティックな作家だった。「高須さん、荒木経惟は普通の人だからいじめちゃダメ」という言葉が忘れられない。もっとまめに連絡を取るべきだった。

かつて私を徹底的に排除した東スポと復縁し、格闘技イベント、林葉直子へアヌードと、どんどん行くぞ！

2014年6月号掲載

「東京スポーツ」は、1990年代のヘアヌード黎明期以来、常に私と一緒に歩んできた。当時は、坂本文化部長（現・法務室長）と兵隊・平鍋（現・文化部長）の二人三脚で、エロとスキャンダル、社会と芸能の裏面を主に扱う誌面だった。平鍋は私の担当として、私をバックアップしてくれた。

2017年、江幡幸伸氏が東スポの社長に就任した。以来、東スポから私の存在は消された。理由はよくわからない。伝え聞く情報から、江幡氏が「東スポを、毎朝読のような恥ずかしくない新聞にしたい」と公言していたことは知っていた。そのスケープゴートになったのが、エロス、スキャンダル、飛ばしで名を馳せていた私というわけだ。高須への取材はNG、写真、名前も一切を載せるなとお達しがあったという。エロス20余年の歴史の中、東スポから排除されるなんて考えもしなかった。

ところが、2014年に入り、拙著『全部摘出　ゼンテキ』（展望社）に始まり、私が主催するアマチュア総合格闘技「ターミネーター2014　vol・1」、プロデュースした林葉直子のヘアヌード写真集について、文化面および格闘面で私を扱いだすようになった。おそらく2013年6月、社長が交代となり、臭いものに蓋をしたがる江幡氏という〝蓋閉め役〟がなくなったのだろう。

「ターミネーター」に至っては、2014年4月24日、いきなり1面での掲載となった。8月3日にディファ有明で全35試合を開催することが決定した瞬間、平鍋文化部長は、「スクープ　清原氏　格闘技出撃」「8・3旗揚げ戦!!猪瀬氏も呼ぶ」「仕掛人・高須基仁氏ブチ上げた」と大きな見出しを付けて報じた。さらに、猪瀬直樹氏、田母神俊雄氏、やくみつる氏、森永卓郎氏など、私の周辺者らが駆けつけ、リングでトークバトルを繰り広げるであること、清原和博氏に至ってはアームレスリングへの出場や、薬物使用疑惑を報じた「週刊文春」の編集長とのトークバトルのがあることを記事に盛り込んだ。この飛ばしっぷり、ありがたいことだ。

「ターミネーター」を主催するに至った背景には、昨今、地下格闘技に会場を貸さないという社会的事情が絡んでいる。地下格闘技のバックは半グレ、あるいはやくざに近いということで、ほとんどの会場で開催不可能となり、結果、場外乱闘が拡大していった。2013年9月に起きた前田日明氏のアウトサイダー大阪事件がその代表例。大阪で行われた前田氏の格闘技イベント「アウトサイダー」に、別の格闘技団体の関係者が乱入して妨

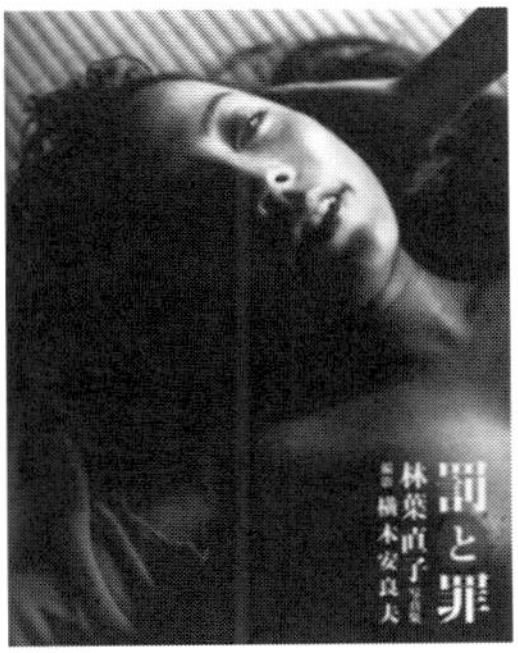

林葉とは何年も連絡を取ってないが、あの頃これほど美しかった彼女を、写真集として勝手に復活させるというのが、私流の彼女へのオマージュであり、ラブレターである。林葉の生きざまが詰まった写真群を、ぜひ見てほしい。

害し、逮捕されたのだ。

私は、あまたの地下格闘技のリングの上に立ち、「喧嘩上等・ルール通り戦え・試合が終わったらノーサイド」、この3つを言い続けてきた。それが骨折り損になっている。

「会場を地下格闘技には貸さないというが、高須基仁ならどうだ?」と大手会場に確認したら、「高須さんなら貸しますよ」と言う。ならばやるしかない。35試合、東京から名古屋までの不良、ストリートファイターが一堂に会する。

「ターミネーター」とは、直訳すると「終わらせるもの」。これまでの地下格闘技を終わらせ、新しく立ち上げるにふさわしい名称だ。ルールも選手もすべて刷新する。終わりが、始まりである。敵対する勢力もあり賛否両論だが、独立独歩で断固として開催する!

東スポはこれを1面で扱ったということは、バックアップするということだよな? おもちゃ箱をひっくり返したようなカオスの中の激突、激戦。私はおもちゃ箱をひっくり返すのが好きだ。なぜなら、もともとおもちゃ屋だからだ!

もうひとつ、東スポが扱った林葉直子の件。林葉は2月に中央公論新社から『遺言―最後の食卓』というエッセイを出版し、アルコールによる重度の肝硬変を患っていることを明かした。この『遺言』、読んでみたら、01年に私がプロデュースしたエッセイ『罪』(モッツ出版)の焼き直しだった。これを「遺言」と呼ぶなら、肉体の遺言を出すべきだ。そう思い、『罪』と同時にプロデュースした、ヘアヌード写真集『罰』(同)を再編集し、無修整未公開カットを新たに収録して『罪と罰』と題して、林葉サイドには無断で緊急出版した。デザインは、大手写真週刊誌のグラビアを手がけるデザインチームが総力を挙げて取り組んでくれた。これは、いわば〝肉体の遺言〟である。
私はターミネーターだ。これで彼女をおしまいにする。林葉との体の関係は、心以上にあった。すべての〝関係者〟のひとりとして、林葉へ最後のオマージュを捧げる。誰にも文句は言わせない。〝関係者〟のみなさん、何か文句があればいつでもいらっしゃい！

【今月の懺悔】

私の周りにいた女は、私から離れるとみんな不幸になる。私はどうあれ生きている。「憎まれっ子世にはばかる」という言葉があるが、それは私のこと。はばかって何が悪い。〝憎まれっ子〟は、孤高の生き方のひとつである。

陰部の3Dデータなんて何年前の話だ!? エロ、格闘技……私はまだ戦う!

2014年9月号掲載

我々、ベビーブーマーは、定年退職という名のもと、ほとんどが第一線から消えた。残った人間は代表取締役になった人間、俗にいう「三等重役」である。私の知人でいえば、毎日新聞社社長の朝比奈豊、フジ・メディア・ホールディングス社長の太田英昭、クオラス社長の加藤雅己。テレビで活躍しているのは、テリー伊藤と小倉智昭。そんなやつらが残って活動している。ビートたけしは別格である。

先日、長らく闘病していたストリップ劇場・浅草ロック座の齋藤千恵子会長の退院祝いに伺った。「高須くん、私の一代記は北野武さんに書いてもらうつもりだったけれど、あなたが書きなさい」と言う。理由を問うと、「もう北野さんは第一線にいる人ではないから」とのこと。齋藤会長は、常々「他人様に借金するくらいなら自分の裸で稼いだほうがいい。女は体を裸に、男は心を裸にして、あっけらかんとして生きなさい」と若いやつに説いてきた。「私は88歳の今も現役。高須くんも、そこまでできる?　現役とは全摘することよ」。老いてもなお車いすで闘っている姿を見て、私も気を引き締めた。

世の中、黙っていればいい気になるやつが多すぎる！　２０１０年、私は全国各地の地下格闘技10数団体を集め、東陽町のホテルイースト21で「地下格闘技サミット」を開催した。一部、いがみ合っている団体があったため、和議の場にする目的もあったのだ。リングの上では喧嘩上等、試合が終わればノーサイドの精神を守り、それぞれの団体がそれぞれの名称とルールのもとでやればいい、それが地下格闘技である、というのが私の考えだ。

しかし、そんな私の志が気に入らないのか、立ち上げ時には私の力を借りつつ、ちょっと成り上がると些末な理由をつけて私を外し、瓦解していく地下格闘技界のやつらをたくさん見てきた。自分たちだけで選手を抱え込もうという動きもあった。「井戸を掘った人の恩を忘れるな」という言葉を知らないのか？

私が新格闘技団体「モッツ・ターミネーター」を旗揚げした際も「プログラムがない、HPがない、グッズがない」と揶揄するやつがいた。なぜ格闘技大会でグッズをつくらないといけないのか。どこを向いてやろうというのか。俺のルールで戦い、試合が終わればノーサイド。ただそれだけ。8月3日の旗揚げ大会も、ストレートな志で開催して、結果、超満員ですよ。

私が2007年に2800円で販売した、某女優のアソコで型をとった「MANGOT」。もう時効だろう。デスマスクは型をとるとき呼吸の問題で苦労するものだが、これは楽にとれた。

私は他人の成功を心から喜び、自分は貧乏でも得たものはみんなで分け合おうという感覚があるが、それがない人間もいる。ねたみそねみは女の専売特許ではない。男の嫉妬は本当に怖い。

エロについても同様のことが言える。陰部の3Dプリンタデータを配布して逮捕されたと大騒ぎしているやつがいるが、そんな回りくどいことをしなくても、立体物は私がとうの昔に販売している。デスマスクと同じ製法で型をとった「MANGOT」である。

私がヘアヌードを世に出した当時は、それこそ逮捕される覚悟だった。物事をいちばん最初に起こすのは大変なことだ。しかし、今のエロは、すべて団塊世代が創り上げたものを繰り返しているだけ。なんのことはないのに、奇妙な反権威主義を付加して勘違いをしている。だからヘアヌード以上のものをつくれないのだ。

こね回すな、ストレートにやれ！　私はストレートに、その先へ進む。ヘアヌードの先、それは陰部全開しかない。どのタイミングで陰部全開の写真集を出すか、私はまじめに考えています。それで逮捕されたら本望。

エロの世界だけではない。世の中ああ言えばこう言う、回りくどいレトリック人間ばかり。最近は、元NHKアナウンサーの堀潤や、東大出身かと思ったら早稲田出身の単なる出たがり姜尚中ら、気に入らない。

こね回していると、井戸を掘った人の心を忘れていく。創始者、創業者の心の9割は志。カネは1割程度しかない。だが、いつの間にかカネ、カネ、カネ。最たるものが毎日新聞社。カネのためには、創価学会の仕事にすらしがみつく。三等重役の朝比奈よ、恥ずかしくないのか。

高齢者による復興ボランティア団体「福島原発行動隊」の呼びかけ人である山田恭暉氏が6月に亡くなった。私も協力を頼まれ承諾したが、会議をするといえば永田町、やがて「公益社団法人」の認定を受け、いつのまにやら権威になった。が、1回もガレキ撤去に行っていない。ただ、これ回しただけ。私は「そんなことよりも行動しろ、行くぞ」と言い続けた。

65歳を過ぎても、私はまだ磨けば光る原石だとがんばっている。ジジイをなめんなよ！

【今月の懺悔】

慶應大学病院の腐敗ぶりを実名をばんばん出し告発した『慶應医学部の闇』（展望社）。現時点では動きはないが、やつらは名誉毀損で刑事告訴してくる可能性もある。そのときは緊急会見を開きます。

ヘアヌード騒動で「KILL HIM」と言った藤田朋子が、抗議文を送ってきた！

2014年10月号掲載

ヘアヌード氷河期といわれてもう10年になるが、こんな時代だからこそ〝高須ここにあり〟ということを世に知らしめるために、かつて私がプロデュースした写真集3作の復刊を考えた。

1冊目は、林葉直子の『罰』（横木安良夫撮影／モッツ出版／2001年）。将棋の女流名人を高須クリニックで豊胸させて、縛ってやりたい放題。この本は『罰と罪』と改題し、2014年4月に出版した。

2冊目は、発売当時、出版差し止めの仮処分命令が下った藤田朋子の『遠野小説』（風雅書房／1996年）。荒木経惟が撮影した。

3冊目も、ヘアヌード黎明期に荒木が撮った三原じゅん子の『Junco』（ベストセラーズ／94年）。これを三原は〝なかったこと〟にしている。当然、復刊にあたって本人の許諾は取らない。裁判、抗議、そんなものは関係ない！　別に死刑になるわけではない。

思えば女の人生、三者三様だ。林葉は師匠である日本将棋連盟前会長・米長邦雄と刺し違え、先に米長が逝った。林葉も重度の肝硬変を患っており、短命であることは間違いない。

96年、『遠野小説』をめぐる記者会見で、同書出版は約束違反だとし、私に対して「KILL HIM!（彼を殺す!）」と言い放った藤田は、アコーディオン奏者と結婚して妙に幸せになっている。あの会見がきっかけで、私は「悪徳」「女衒」とあらゆる罵詈雑言を浴びた。以来、私は死んだも同然で生きているのに!

そのいわく付きの作品の復刊に向けての瀬踏みとして「FLASH」2014年8月19日・26日合併号（光文社）に『遠野小説』からの写真を8ページ掲載したところ、すぐに藤田側から抗議文が届いた。「ネガ及びポジ、一切の撮影物を直ちに廃棄することを求めます」だと。何を言っているんだ。カメラの前でヘアを出したのは、藤田よ、あなた自身でしょう? 当時、出版差し止めの仮処分が下る前に、すでに1万冊が売れた。それが今、プレミアが付いて取引されている。

写真集『Junco』を一緒に手がけたメンバー。三原も荒木も、今は人が変わり、私の元を離れていったが、3人が生み出した作品の価値は変わらない。300円で売られても、傑作は傑作だ。

三原はいまや国会議員だ。重い副作用の危険性がある子宮頸がんワクチンを推進しようとワーワーやっていたかと思ったら、いつのまにか口をぬぐって、今度は韓国人を責めて国士を気取っている。かつて「フライデー」(講談社)の記者への暴行事件を起こしておきながら、何を言ってるんだ。そんなのが国会議員になる日本はどうかしている。このままいったら大臣になるんじゃないか。これに歯止めをかけないといけない。

三原よ、撮影の時の自分の言葉を覚えているか。「毛はいいけど、おっぱいはダメよ」。胸が小さいことをずいぶん気にしていたな。小淵沢での撮影を終えた荒木は私に「高須さん、ちゃんと脱がしてくれ」と困った様子だった。しょうがないから追撮して、一応ヌードが撮れた。そのあと使用した写真をめぐって三原と裁判になったが、出版社は売るもの売り切って回収せず、私ひとりきりで戦い、損害賠償もした。私は裁判で被告席に座りながら、原告側に立つ三原の弁論に、思わず聞き惚れた。演説は上手い。

議員になったばかりの頃、赤坂見附ですれ違ったときは、とっさに顔をそむけていたが、過去は消えない。ヘアヌード写真集を出した唯一の国会議員。だが『Junco』はネットで300円ほどで叩き売りされている。プレミア付きの藤田と大違いだ。こんなのが国会議員になれるんだったら、林葉、藤田も国会議員になれ!

『Junco』と同じ頃、LiLiCoは『前夜』(加納典明撮影/95年/風雅書房)を出版している。LiLiCoはヘアヌードを撮ったことは自分でカムアウトしている。当時、ホームレスで車の中で生活していたことも認めている。そして、ブレイクした今も、私のことを悪く言わない。

三原の裁判でも藤田の騒動でも、面倒は私がすべてかぶり、荒木は逃げ出した。荒木、あの時、私と確認したよな。「今後一切、これらの写真集の件で何も言わない」と。復刊しても、ガタガタ言うなよ。

しかし、過去の3部作を復刊させるだけでは、単なる「あの人は今」のようになってしまう。これは単なる序章だ。10月初旬に、「ミスＦＬＡＳＨ　２０１３」の池田裕子の〝飛び出す写真集〟を発売する。びっくりするぞ。凄まじい私の作品を、もう一度世間に見せてやる！

そもそもヘアヌードなんてなし崩しに出版されるようになっただけで、本来は禁止されていること。騒動、裁判はつきものだ。私はすべて一身に受けてきた。だが、「ＫＩＬＬ　ＨＩＭ」と吐き捨てたのは、藤田だけ。殺人予告したんだから、殺ってもらおうじゃないか。殺してみろ、バカヤロウ！

【今月の懺悔】

私がプロデュースした地下格闘技「モッツ・ターミネーター」（2014年8月3日開催）はほぼ満員。日本航空学園の生徒が120名来てくれ、ローバー・美々がラウンドガールを1人で務めた。第2戦は、12月、私の誕生日に開催するぞ！

浅草ロック座破産!?誤報騒動のウラにある、公序良俗という名の〝エロヘイトスピーチ〟

2014年12月号掲載

２０１４年10月、「浅草ロック座の運営会社、齋藤観光が破産した」という報道が流れた。実際には、２０１４年8月まで運営の一部に携わっていた会社が倒産したというだけであり、現在は関連会社の東興業が通常通り営業している。しかし、齋藤観光と、88歳になるロック座の齋藤智恵子会長を結びつけ、「ロック座が潰れた」と誤解を招く報道が多かった。正確に報じたのは、私の見た限りでは東京新聞と報知新聞だけ。

ロック座が潰れたかのような報道が流れた背景には、ストリップをいかがわしいものと決めつけ、排除する動きがあるのではないか。ネットで手軽にエロ動画が見られる今、商売が厳しい状況にあるのは火を見るよりも明らか。そこへ追い打ちをかける悪意、〝エロヘイトスピーチ〟があるように思えてならない。

ロック座だけではない。例えば歌舞伎町。人がまばらで悲惨な状態だ。池袋西口公園は「危ない」という悪評が立ち、潰されそう。吉原も、少し傾いた風俗店は、「水道料の未払いがある」という理由で倒産させたり、設備の修繕を許可しなかったり、壊滅状態になっている。排除、浄化を目指そうという強い力を感じる。

今回のエロヘイトスピーチに対し、なぜロック座は抗議の声を上げなかったか。それは、広告塔である齋藤会長が腰を痛め、この春には乳がんの手術を受けたため、長野県で療養中だからだろう。すでに回復して元気ではあるが車いす生活を余儀なくされている。その弱みにつけ込まれたか。

ロック座の土地は浅草寺が持っている。浅草寺も警視庁のお達しに従い、怪しげなものを排除するようになった。境内で行われる羽子板市は〝反社会的〟と思われる柄は消え、小ぎれいな羽子板だけが置かれるようになった。香具師の露天にも規制が入った。夜になるとガラガラ。浅草に3軒あった映画館も、ピンク映画館2館も、2年前に一気になくなった。浅草が自ら浄化する状況にある。フランス座は東洋館に名を変え、ストリップをやめた。最後に残った砦がロック座だ。

日本のストリップは、昭和22年1月に始まった。全盛期は全国で200~300軒にも上ったが、今は1~2割程度しか残っていない。ロック座も、このまま人が入らなければ、実際に閉鎖に追い込まれる可能性はある。だから、今こそロック座に行こう。

ストリップはサラリーマンの文化だ。その若いサラリーマンたちが「ネットの動画でいい」と言う。

近年、親しくさせていただいている齋藤会長。ロック座経営は息子さんに承継していくようだが、まだまだ現役。私と組んで、ネットに侵食された日本のエロ業界を立て直す気満々だ。

ちょっと検索すれば、丸々見えちゃう無味乾燥なネット社会。ストリップ劇場の香水や体臭の強い匂い、怪しげな雰囲気は嫌われる。今後アナログの劇場文化はどうなるのだろう。

齋藤会長の名言に、「カネを借りて利子を払うくらいなら、ハダカになったほうがいい」という言葉がある。今は、女も別の稼ぐ道がいくらでもある。カネを借りるくらいなら、ロック座の門を叩けばいい。小向美奈子しかり、そんな女がいる限り、ロック座は潰れることはないと信じたい。

ところで、雑誌「創」（創出版）の原稿料が何年も支払われていないと柳美里がブログで明かした件。「創」が売れていれば払える、売れていないから払えない、ただそれだけ。売れようが売れまいが、編集長の篠田博之は自分のしたいことをすればいい。

これは想像だが、取次から金はほとんど入ってないんじゃないか。「創」が書店で売れているとは考えられないし、広告も入らないし、僅かな売上も印刷会社などに差し押さえされているのではないだろうか。篠田は文京シビックセンターでセミナーを開いて会員を募って、雑誌を直売して、糊口をしのいでいる。後ろ盾のいない独立系である限り、資金の不足は未払いで対応する。自分に賛同し、無償でページを埋め合わせる著者がいればいい。

「創」の誌面を見ればわかるが、話題のニュースにすぐに食いつくミーハーで、軽薄にゼミを開いてカネを集める。「ハレンチ」という言葉が、篠田の真骨頂。出版の生き抜く道はハレンチ、篠田、開き直れ！

柳美里が経済的に大変な状況もわかる。事実、「私、小田原でキャバクラ嬢になろうかしら」と私に言っていたことがある。だが、ブログで未払いを発表するのは、ハレンチだ。「あちらこちら命がけ」。坂口安吾の言葉だ。生きるキーワードはハレンチ。命がけでハレンチでいいじゃないか。

私も「創」に寄稿してみようか。原稿料はいらない。私は地下格闘技やエロ出版を手がけ、稼ぐ道が幅広いから、雑誌は書きたいことを書かせてもらうだけでラッキーと思っている。篠田と私の違う点は、私は恐喝を知っているということだ！　私に書かせれば、金になるぞ。

【今月の懺悔】

第16回となる熟女クイーンコンテストを主催した。冒頭から熟女が勝手に脱ぎだし、全裸、ご開帳状態。ファンが舞台に乱入してきたので思わず蹴飛ばして暴れたら、審査員のザ・グレート・サスケに止められました。

男女同権のソングウォー　平和の象徴・紅白歌合戦をノーベル平和賞にして世界にアピールすべき！

2015年2月号掲載

視聴率が42・2％（関東地区）にとどまった2014年末のNHK紅白歌合戦だが、生粋のサヨクの私は、そんなことより言いたいことがある。紅白をノーベル平和賞に、である。憲法9条をノーベル平和賞にしようという動きがあったが、なぜ紅白をノーベル賞に推さないのか。1951年からスタートして以来、ずっと放送している「歌の合戦」。その間、日本は戦争をしていない。

出場歌手の中には、在日もいる。かつては香港のアグネス・チャン、台湾の欧陽菲菲、テレサ・テンも出場した。韓国人歌手も出たことがある。「アジアはひとつ」というメッセージを日本国憲法よりももっと具体的にPRしているのが紅白だ。

さらに、紅白は戦後の男女同権を具現化している。男女が交互に歌って同等に勝負し、投票によって公平に勝負が決まる。司会も男女2組いて進行する。紅白は、反戦と男女平等のシンボルなのである。

「14年の紅白の視聴率はワールドカップには及ばなかった」とか、出場歌手はバーニングの影響が強いとか、そんな些末なことはどうでもいい。もし、日本が戦争を始めたら、紅白は放送されなくなるだろう。紅白は平和の証し。今後も毎年年末に、放送されることを切に願う。同様に、高校野球の夏の大会も平和の証し、日本人の誇りである。私は、12月31日と8月15日は、必ずこの平和の戦いを見ることにしている。

話は変わるが、団塊の世代と呼ばれるベビーブーマーたちについて。長きにわたり、製造・問屋・販売、製販三層をすべて牛耳ってきたが、14年3月をもってほとんどの人間がリタイアした。周りでリタイアしていないのは初めから一本どっこでやってきた私や、私の周りでいえば、組織の中でトップを取った毎日新聞社長の朝比奈豊、フジ・メディア・ホールディングス社長の太田英昭、オーナー社長を続けてきたぴあ社長の矢内廣らくらい。とはいえ、毎日新聞は原発について発言が揺れているし、矢内はホノルルマラソン出場に熱心でリタイアの道へまっしぐら。フジテレビは従来の路線を否定するも、30年続いた『笑っていいとも！』を終了させるなど迷走中。

テレビの世界で、ひとり働きでがんばっている同年輩は、小倉智昭とテリー伊藤。

昨年末の忘年会でも、サヨクからウヨク、熟女クイーン、プロレスラー、女優、男優、前科者までもが勢揃い。年老いた者も多く、あと何年、みんなが揃って、年を越せるだろうか。

小倉はかつて右だったが今はリベラル。テリーはここへきて発言に矛盾や綻びが目立つ。

団塊世代のオピニオンリーダーとなっている新聞社の論説委員らは、自分は「全学連だった」と嘘八百を並べ立てている。報道番組でよく見かける時事通信の田崎史郎は、三里塚闘争で逮捕されて13日間勾留されたと言っているが、どうせ起訴猶予だろう。でなければ、なぜ時事通信に就職できるのだ⁉　いちばん苦しんだのは、ひとりぼっちで戦ってきた私や、連合赤軍の永田洋子や植垣康博だ。

団塊の世代だけではない。自分は何も傷ついていないのに、あることないことをわめき散らし、虚実ないまぜ、清濁ぐちゃぐちゃ、嘘をベースに牛耳っている老人たちが多い。その典型が、鳥越俊太郎と田原総一朗。相変わらずカネにしがみついている。早く消えろ。2人の代わりにもっと出てきてほしい老人ジャーナリストが辺見庸だが、大病後、戦う気力を失ってしまったようで、もう表舞台に出てこないだろう。

辺見はなんとか生きているが、ここ数年で、私が好きだった人がことごとく死んだ。格闘技の世界に私を誘った百瀬博教、真樹日佐夫。ＳＭの世界に誘った団鬼六、私の小説について「エロスの文才がある」と言った安西水丸、在日としての思い、矢沢永吉との関係から在日の中にある差別を語ったジョニー大倉。

周りが亡くなったために、私がところてんのように押し出される形で前に出る形になってしまったので、最前線でエロを黙って見ていた。今はどれもこれもペタッとしたエロばかり。大物女優も誰も脱がない。業界は「儲からない」という話ばかり。何を言ってるんだ。エロスは平和のリトマス試験紙。戦争になったら、真っ先につぶされるのがエロ、スポーツ、スキャンダルである。平和の象徴を守るという意味でも、もう一回エロスとスキャンダルにしっかり取り組もうと思う。

東京・新橋駅前のニュー新橋ビル地下1階にある「ニューニコニコ」という老舗居酒屋では、団塊世代がよく集まって飲んでいる。私は毎日そこへ行って聞き耳を立てている。みんな声高に昔の話を語るばかり。彼らのようにはなりたくない。2015年のキーワードは、「エニーデイ、ナウ」。そんな感覚で取り組みたい。毀誉褒貶あり、清濁併せ呑むのもあり、虚実ないまぜあり。しかし、何事にも先陣を切る。それが肝心だと思っている。

【今月の懺悔】

病を売りにマットレスのCMに出ている鳥越俊太郎。「ニュースの職人」も今は「死の職人」だな。「シェイムレス鳥越」と呼ぶぞ。荒木経惟も癌だ隻眼だと騒ぎすぎ。かくいう私も「もうすぐ死ぬ」とよく言うので反省。

ゲイ雑誌「薔薇族」から「青い薔薇族」へ アブノーマルな人々の性癖まで夜に出していくぞ

2015年4月号掲載

常々、女のエロの突破口ばかりを考えてきた。ヘアヌード写真集をプロデュースしたとき、まず先にカネを払うのは女優に対してである。私自身は、女の余ったカネで生きてきた。また、彼女たちがその後も稼いでいける道を作れるよう考慮もしてきた。

男にはまったく興味がなかったが、昭和の裏街道で一時代を築いたゲイ雑誌「薔薇族」の元編集長、伊藤文學氏に2014年末初めて会った。文學氏は82歳。ゲイ雑誌を主宰していたのだから、オカマだろうと思っていたら、「80歳になって、初めて男におちんちんを舐めていただきました」と言うから笑ってしまった。「どうってことなかった」と言っていたが、それは単に年齢的なものではないだろうか。

文學氏といえば、私の脳裏に真っ先に思い浮かぶのは、元妻の故伊藤ミカ（享年33歳）のことである。60年代を中心に活躍した舞踏家、パフォーマーだ。ハプニングやヒッピー、LSD、大麻、ロック……新宿がカオスだった時代、私は新宿厚生年金会館の裏にある絨毯バーに足しげく通っていた。まだ20歳そこそこの子どもだった。そこに伊藤ミカもいた。155センチほどの小さく筋肉質な体。鬼気迫るパフォーマンスは、世間では〝ハプニング〟とひとまとめにされたが、まったく異なる。前衛舞踏よりも生々しい動き、自分で縛りながら彼岸に行く自縛〝死〟を、ドラッグや音楽ではなく、視覚から訴えかけた。今でいうカリスマだ。

「高須くん、自分の体をていして何ができるか考えることが大事なんだよ」と言っていた。その横にいたのが、若き日の文學氏というのだが、記憶になかった。

閑話休題、「薔薇族」である。英語で「青い薔薇」というと、「不可能なこと」「不可能なくらい素晴らしいもの」を意味する。外資系玩具会社の社長をしていたときに、「ユーアー・ブルーローズ」「ミスター・ブルーローズ」とよく言われたものだ。

伊藤文學氏と私。お互い出版業界は長いはずだが、この歳になって、初対面。２人の残された人生で、“ブルーローズ”なエロを武器にもうひと波乱起こそうと、密かに誓い合った夜だった。

アブノーマル、変態、変質と呼ばれる人のことを、私はこれまで「悪名正機」「くそったれ」などと呼んできたが、これからは「ブルーローズピープル」とする。そして、「薔薇族」ではなく、文學氏の協力のもと、「青い薔薇族」を創刊させようと思っている。同性愛に限らず、アブノーマルな性癖を持つ人々をリスペクトする雑誌だ。

女と女、男と男、男と女。人

の数だけさまざまな組み合わせがあり、SM、ロリコン、スカトロ、露出……性的な喜びの感じ方もさまざまだ。テレビではゲイタレントが、アブノーマルさを売りに、嫌になるほど出ている。ただし、それは芸として女装をして見せるだけであり、性癖の深いところまでは見せていない。「青い薔薇族」は、そこに突っ込んでいきたい。日本の童貞率が高いのは、性的対象を女に限定するあまり、自らの快楽的可能性を奪ってしまっている男が多いからだ。女とヤるだけが男じゃない。そこを気づかせたい。

不偏不党はない時代。一辺倒は嫌だと言い続けてきたが、ここで文學氏と手を組む。言っておくが、私はまだ一度も男からおちんちんを舐められたことはない。今後は、そういうこともあるかもしれない。

ところで最近、ワイドショーもニュースもMCはお笑いとジャニーズばかりで、素人っぽく笑える路線を追求している。局アナは、男も女もナヨッとして美を競い合っている。情報発信の方法として、まっとうではない。まともに発信できているのは、『ニュースウオッチ9』（NHK）の大越健介キャスターと、『報道特集』（TBS系）の金平茂紀、『報道ステーション』（テレビ朝日系）の古舘伊知郎、その3人くらい。ところが、NHKの大越キャスターは3月で降板だという。

過激な発言を控えるつもりなのか、『スッキリ!!』（日本テレビ系）ではテリー伊藤が3月で降板。勝谷誠彦も同番組を降板。勝谷はもともとつまらなかった。左翼発言をしたかと思えば、小沢一郎にくっついたり、中国人へのヘイト発言をしたりとぶれまくるから、誰にも相手にされなくなった。

フリーアナウンサーもひどい。競馬番組に出ていた女子アナが、いきなり経済ニュースや国際ニュースを読み、コメンテーターに質問していたりする。プロレス中継で絶叫していた古舘があそこまでいったのだから、それもアリといえばアリだが……。キャスターについて考えなければいけない時期に来ているのではないか。

ワイドショー、ニュースは、タレントを使わず、すべて局アナおよびキャスターで賄ってほしい。といっても、キャスターもどきが一企業に加担してコマーシャルに平気で出る時代なのだから、困ったものだ。

【今月の懺悔】

『新 国粋ニッポン闘議』（展望社）を出版したが、内容は６年前に出版した『国粋ニッポン闘議』（春日出版）に滑川裕二氏、朝堂院大覚氏という右翼２人との対談を追加しただけ。これで売れれば苦労しないが、どうなんだろう。

女を張って生きる！　ソープランドに就職した熟女クイーンに原節子の覚悟を見た！

2016年1月号掲載

２０１５年8月、ロンドンに本部がある人権団体、アムネスティ・インターナショナルが、性産業を合法化し、性的労働者の人権を守るべきだという方針を発表した。無理にやらされているのでないなら、職業としての売春を認めよ、ということである。それに対して、ハリウッド女優のメリル・ストリープやケイト・ウィンスレットらが、「搾取する側を合法化するのはおかしい」と批判している。

〝忌み嫌うべき〟とされてきた売春を認めることが、女性の人権を認めることになる。２０１６年は、このパラドックスが議論を呼びそうだ。

１９８４年、「トルコ風呂」は、トルコ大使館からクレームが入り、「ソープランド」に改められた。そのソープランドに、私が主宰する第20代熟女クイーンで三十路の加藤愛子さんが就職した。19歳からＯＬだった加藤さんは、いきなり熟女クイーンコンテストに参戦。ステージに上がるとオドオド。その姿を見て、審査員で団鬼六夫人の黒岩安紀子さんは「奥ゆかしい」と強く推した。

コンテストには、ジャパンホームビデオに始まり、そうそうたるＡＶメーカーがスカウトに来ており、その後、熟女系AVに出て名を成した受賞者も多い。初代クイーンは、いまだにピンを張る売れっ子だ。

熟女キャバクラに行くクイーンもいる。新橋4丁目には「SHUNGA」という熟女キャバクラがあるが、そこには、コンテストに出た熟女が9人ほど在籍している。

キャバクラか、AVか、どちらかが、熟女クイーンの就職の道だと思っていた。その合間に「週刊大衆」「週刊実話」などに出れば、少しは箔がつくだろう。

ところが、今回クイーンになった加藤さんは、ソープランドの老舗「金瓶梅」のNオーナーにスカウトされ、翌日すぐに面接、11月1日から勤め始めた。年齢は不詳としているが、本名に近い源氏名を使い、熟女クイーンの副賞である大きな羽子板を待合室に置いて営業。あっという間にナンバーワンとなった。

2016年の熟女クイーンコンテンストでグランプリを獲得した加藤愛子さん。大会後、ソープ嬢としてデビューして、ナンバーワンに。女にしか成し得ない、ジャパニーズ・ドリームの体現者だ。

私は、加藤さんに2016年的な女の覚悟を感じた。独立し、森羅万象のひとつに女を張るという商売があって何が悪い、という覚悟だ。結婚という「永久就職」も、かつて松下幸之助が説いた「終身雇用」も過去の話。今はそんな状況ではない。これからは、「ソープランドで働く」と堂々明言し、女を張って生き抜く時代である。

アムネスティの発表に反対しているハリウッド女優よ、枕営業とどこが違うんだ⁉ 女優に文句を言う資格はない！

女優といえば、2016年9月に亡くなっていたことが明らかになった原節子。「マッカーサー元帥の愛人だったんじゃないか」というウワサがネットで流れている。たとえそうであったとしても、それは枕営業の究極である。彼女は43歳でスパッと引退し、鎌倉の浄妙寺の近くに隠遁。一切、公の場に出ないことで決着をつけた。

私が原節子の映画で一番好きなのは『東京物語』。演技はダイコンだが、セリフが強く印象に残っている。戦争未亡人役の彼女が亡き夫を忘れて、女の部分を見せる。そして言うのだ。「私、ずるいんです」。

一方、男はここまで開き直れない。男は初めから会社でも世間でも、負けてキャンとなっている。開き直っているのは、坊主頭になった森喜朗と、バラエティタレントになって生き恥をさらしているホリエモンくらい。あとは問題を起こせばすぐ隠れるか、反社会の世界では小指を切って決着をつける。

陸上自衛隊の元・東部方面総監が、09年に退官後、13年に自衛隊内部向けの教本を、在日ロシア大使館の駐在武官に渡したとして、自衛隊法（守秘義務）違反の疑いで書類送検された。

この人物と私は仲良しだ。彼は、トヨタの顧問も務めていたが、晩年は福島県の幼稚園と病院の2つの顧問のみでささやかな暮らしを送っていた。この件について彼は言った。

「武士（もののふ）として決着をつけたい。言い訳はしたくない。だが、私はゾルゲではない。無罪である」。

彼はたぶん自決するだろう。男の究極の決着の仕方は自死である。女を張って生きて生きて生き抜く女と、武士道と称してすぐ自殺する男。対照的だ。シェイクスピア『マクベス』の冒頭にこんな文章がある。

「きれいはきたない、きたないはきれい」

言い換えると、「正しいことは間違い　間違っていることは正しい」。ほんのこの間まで、クリーンエネルギーとされていた原発は、いまや最もダーティなエネルギーになった。またいつか、ダーティがクリーンになる瞬間がくるだろう。パラドックスの時代である。

【今月の懺悔】

2016年12月27日、地下格闘技大会「モッツ・ターミネーター」開催した。売上確保のため、10万円のVIP席をつくり、100席分を脅迫しながら売りました。会社設立25周年でもあるので、それくらいはご祝儀ということで。

〝過去の人〟嘲笑う『爆報！ THE フライデー』再び輝かせる力のあるプロデューサーはどこに？

2016年2月号掲載

1990年前後、私がおもちゃ業界を辞め、出版業界に乗り出すにあたって考えたコンセプトは、「捲土重来」であった。「捲土」とは、〝煙が巻き上がるほど激しい戦い〟を表し、「重来」は〝もう一度やってくること〟を意味する。すなわち一度敗れた者が再び攻め上がるという意味である。私の青春時代に心ときめいた女優たちと共に、捲土重来を目指して何かできないかという思いがあった。

大手出版社相手に正面から戦っても意味がない。出版界のニッチ市場はどこにあるかと考えたとき、かつて外資系社長を務めた経験から、80年代の海外出張帰りのサラリーマンが、「プレイボーイ」と「ペントハウス」を宝のようにしてバッグの底に隠し持って来ていたことが頭に浮かんだ。当然、そこにはヘアヌードが掲載されていたわけだが、税関では目こぼししてくれていた。ここに商機があるとみて、「ヘアヌード」を立ち上げた。

女優には、成長曲線というものがある。成長があって 成熟があって、減退期があり、最後は衰退する。その谷の時期に、ヘアヌードでもう一度山を作る。それを「ロールバック」という言葉で表した。「カムバック」は後ろ向きなイメージがあるが、「ロールバック」

すなわち巻き返しは、まさに捲土重来ということだ。

前代未聞、空前絶後を体現したものがヘアヌードであり、戦う武器としての切っ先は鋭かった。たかだか5年間であったけれども、一世を風靡する大ブームとなった。

それから約20年。いろんな人が叩かれ、浮かんでは消えていった。『爆報！THEフライデー』（TBS系）は、かつて輝き今は衰退している人を笑いのネタにしている。「夕刊フジ」や「東京スポーツ」「日刊ゲンダイ」などでも、こうした「あの人は今」のコンセプトの連載があるが、読者ターゲットが団塊世代を中心としたおじさんということもあり、たとえ今の姿が痛々しくても、根底には「あちらこちら命がけ」という坂口安吾の発想がある。

長谷川豊がMCを務める『バラいろダンディ』（TOKYO MX）に私は出たい。その思いをOプロデューサーにぶつけたことがあるが、彼は脅迫されたと勘違いしたようだ。Oよ、もう一度、話そう。

一方、『爆報！～』は、こうしたエキスだけを抜き取り、バラエティ化し、「もう終わった人」とひたすらくさし、薄ら笑いで包み込む。なんとか視聴率を獲れているのは、「いい時もあれば悪い時もある」というスタンスで救いのコメントを出す、テリー伊藤のおかげだろう。

この番組に決定的に欠けているのは、次の戦略の提案と、あたたかい心である。花の命は短いが、沈丁花は枯れても芳し。私はひととき輝いた人に次の戦略を提案すべく、「ヘアヌード」、そして「熟女」を仕掛けてきたのだ。

捲土重来には、必ず具体的かつ鋭い企画が必要である。そして、金を集め、どんなに叩かれてもすべての責任をかぶる覚悟があり、自分は最後の最後に残った金で生きる。昨今はそうした根性のあるプロデューサーが不在だ。荒木経惟、篠山紀信、沢渡朔という巨匠をかつぎ出し、大手出版社でのパブリシティのため走り回った私のようなプロデューサーがいない。「週刊ポスト」(小学館)、「週刊現代」『フライデー」(ともに講談社)「フラッシュ」(光文社)……かつて各週刊誌のグラビアは、ことごとく私が作ったヘアヌードを特集していた。だが、本当の現場を知っているのはたったひとり、私の弟子だった「週刊大衆」(双葉社)のNだけ。Nはヘアヌードの生々しい感覚と、女の覚悟を知っている。ほかの編集長は現場はほとんど知らない。

ちなみに、2015年11月13日放送の『爆報!〜』には漫画家のさかもと未明が出ていたが、彼女のタレントとしての才能を見い出し、オスカープロモーションに入れたのは私だ。我が社が赤坂にあったときは、よくそこで原稿を書いていた。近年、テレビから消えたさかもとは番組でアスペルガー症候群と膠原病を告白していたが、もともとテレビに出てはいけない危ないおばさんだったところが彼女の魅力だった。

捲土重来といえば、舌禍に巻き込まれNHKを辞めた堀潤、金銭トラブルでフジテレビを辞めた長谷川豊が今TOKYO MXに出ている。あそこの大株主は、東京新聞を発行する中日新聞であるが、彼らの番組がそうした鋭さを持っているのか疑問に思う。堀は相も変わらずＣＮＮのキャスターを真似して髪の毛とスタイルにこだわり、世間におもねっているように見える。長谷川はフジ時代と変わらない平たい論調。双方、自己愛の嫌らしさが鼻につく。

堀と長谷川は、新天地で何を提案しているのか。正論や鋭い意見を言っているのか。体制の犬と化したメディアを捨てた姿勢は評価するが、彼らの本当の捲土重来はまだまだ遠そうだ。

【今月の懺悔】

私の青春の憧れであり、97年にヘアヌードをプロデューさせてもらった天地真理。今の状況は……。プロデューサーとして山を維持できなった天地さん、そして夫として結婚生活を維持できなかった元妻Ｙさんに懺悔します。

地下アイドル200人大集合！　仮面女子も登場する、最大級イベントを主催する。そこに込めた思いとは？

2016年7月号掲載

東京に出てきて約半世紀、揶揄、誹謗中傷のるつぼで生きてきた。それでも無名より悪名のほうがいいと考えている。世間は賛否両論、反対意見があるのは当たり前。顰蹙上等、揶揄上等である。いつでも言いたいことを言う。反論があればいつでも受けて立つ。

最近、ある大手メディア出身のジャーナリストXが、陰で私を批判していたそうだ。やることも生き方も中途半端なやつだ。大手の看板を笠に着て生きるのもいいが、ならば徹底的にそれを利用すべき。そいつは、現在の地位が自分の実力だと勘違いしてるきらいがある。

花田紀凱は、文藝春秋で業績を上げ、主義の異なる朝日新聞に移り、宣伝会議を経て、ワックで「月刊WiLL」を当てた。今度は、飛鳥新社に移籍し、「月刊Hanada」を創刊。会社で結果を出し、時にケンカしながらも、一人ぼっちでキャリアを積み重ね、自分のやりたいことを叶えていった。

花田のような生き方もあれば、ずっとひとつの会社にとどまり、熾烈な出世競争を勝ち抜いていく者もいる。かつて私が主宰していたマスコミ勉強会「ハリマオ会」に来ていた人間は、みなそうやって出世していった。

朝比奈豊は毎日新聞社社長、太田英昭は産経新聞社会長、高山健一は日本ジャーナル出版社長を経て顧問、川田修は徳間書店執行役員、平鍋幸治は東京スポーツ文化部長、渡辺拓滋は双葉社編集局部長、寺島知裕はコアマガジン執行役員……。目先の安定はあるが、自由はない。これはこれで、ひとつのリスクの取り方だと言える。花田の生き方も、こちらの生き方も、私は好きだ。

「萌えクィーンコンテスト」のゲストに来てもらった仮面女子。あえて“高須ファミリー”入りとなったので、いい迷惑だと思われようが、彼女たちの仕掛けに一役買いたいと思っている。

一方、X同様、大手メディア出身ということだけで、チャラチャラしているジャーナリストの代表は鳥越俊太郎だ。その鳥越、2015年7月に放送されたNHKのドキュメンタリー番組『ファミリーヒストリー』で紹介された家系図がニセモノだったと、「週刊新潮」（2016年5月26日号／新潮社）に報じられた。番組では、祖先は戦国大名・大友宗麟の家臣・鳥越興膳で、立派な家系だと放送していたが、本当は米屋らしいじゃないか。

そもそも出自がどうのこうの言うこと自体ナンセンス。誰だってさかのぼればキリがない。みんなどこの馬の骨かわからない。だからこそ、今が大事なのだ。

閑話休題、本題は地下アイドルの話である。私は、秋葉原で毎年開催されている、メイド系アイドルの「萌えクィーンコンテスト」の実行委員長を務めている。4月の第5回大会には、ゲストとして「仮面女子」が出演してくれた。所属事務所の社長は、関西最大級のホストクラブ「クラブアクア」をオープンさせ、歌舞伎町にも進出して大成功を収めた元カリスマホスト、芳晶せいじだ。

彼との付き合いは、２００６年にさかのぼる。当時、彼の著書『人とカネはこうして掴め！夜王塾』（双葉社）の出版記念トークイベントで、ゲスト出演した。私に対して彼がシンパシーを抱いていることはわかっていたし、私も彼の著書にあった、ホストでとりあえず金を稼いでからやりたいことをやるという考え方に、若いやつの真骨頂を見たように思った。その具現化のひとつが、仮面女子である。

仮面をかぶり、実体が見えない。タマネギのように芯がない。圧倒的におもしろい。今の時代ならではの新しいアイドルである。「萌えクィーン」のゲストにオファーした際、芳晶はすぐにＯＫしてくれた。

そして、来る２０１６年7月30日、「地下アイドル大集合」イベントを開催する！　仮面女子も来る。なぜか横浜銀蝿も来る。オープニングは、第64代横綱・曙が神輿に乗って登場する予定。私も神輿に乗る。最後は、横浜銀蝿と地下アイドル全員で「ツッパリHigh School Rock'n Roll」を歌う。ハチャメチャになることは必至だ。

会場は豊洲ＰＩＴ。ぴあ社長の矢内廣が、ない袖を振って、〝遺構〟としてつくった大型ライブハウスである。

7月30日に大イベントを開催したいと相談したら、矢内はすぐに場所を空けてくれた。使用料は高いが、私に金がないことはわかっているだろうから、支払いは待ってくれるだろう。年末の地下格闘技大会「モッツターミネーター」も豊洲PITで開催するつもりだ！

3月3日は熟女クイーンコンテスト、8月15日は反戦イベント、10月21日国際反戦デーには萌えクィーンコンテスト、これらは新宿のロフトプラスワンで開催している。同店でのイベント主催は、私が最年長、最長記録を更新中。そのほか、毎月第3木曜日に銀座のまじかなでイベントを開催。年間、最低でも17のイベントを主催している。7月30日、ぜひ来てくれ！

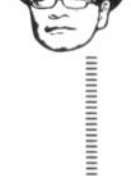

【今月の懺悔】

オバマ米大統領が広島を訪問。広島出身の社員はいてもたってもいられず、高速バスに飛び乗り故郷へ。広島県人の魂を感じた。私は別件を優先したが、やはり歴史的瞬間を見に行くべきだった。行動力が落ちたのは、年のせいか。

〝警察官〟役の高島礼子、覚醒剤パクる物語を演じてほしい、そして〝いしだあゆみ〟をめざせ

2016年8月号掲載

高知東生が覚せい剤取締法違反等で逮捕された。

高知は高校時代、野球の名門校の球児だった。チームは甲子園に出場（高知は試合には出場せず）したこともある。甲子園出場者から芸能人になった先駆けに山本譲二がいる。山本はもう66歳。今でこそアスリートから芸能界への転身はよくある話だが、当時は考えられない時代だった。山本は球児にしては顔がきれい。そこへ高知のように本当に美しい男が出てきた。弁証法でいえば、〝正〟が山本、〝反〟が高知である。そして、〝合〟として出てきたのが、高知と顔がそっくりで、高校時代ラガーマンであった桐谷健太である。

こうした例はいくつもある。〝正〟として私がメディアに登場すると、やがて〝反〟として、私をアク抜きして3日間天日干ししたような勝谷誠彦が出てきた。ところが、勝谷はうつ病になったとのことですっかり鳴りを潜めた。

いずれ〝合〟としてよく似たヤツが出てくるだろうと思っていたら、最近、小川泰平とかいう私にそっくりな元刑事のコメンテーターが出てきた。顧問税理士にまで「高須さん、最近またテレビに出るようになりましたね」と言われている。

女のスカートの中で生きる男の〝正〟が羽賀研二だとしたら、〝反〟は高知。〝合〟は宮崎あおいの元夫で、鈴木亜美の元カレ・高岡奏輔か。高島礼子を籠絡した高知の仕事は、高島をヨイショすること。美しきヒモ道、男のけもの道を歩んだ。

ヒモ経験者の私が考える、正しいヒモの条件はいくつかある。まず、朝は女よりも早く起き、夜は女が寝るまで寝ないこと。昼間寝ているのだからこれは簡単なことだ。それから、朝飯と夜食は必ず作ること。女が出かけるときは車で送る。部屋の中はいつもピカピカにし、布団をいつも干すこと。子どもは作らない。セックスは年がいけばどうでもよくなる。「外で勝手にどうぞ」と女のほうから言うだろう。

高知が違法薬物に高島を巻き込まなかった点は、ヒモとして正しい。夫婦でヤッていたら、2人とも崩れて、食い扶持がなくなる。酒井法子のところとはえらい違いだ。

高知が5月に開業した横浜のエステ店は、チャラチャラしたセレブ相手の店だったそうだ。ここからまた何か波乱が始まるかもしれない。

妻の高島は、7月21日にスタートする連続ドラマ『女たちの特捜最前線』（テレビ朝日系）に警察官役で主演する。本来は、〝同じ穴の狢〟とい

勝谷に続き、私のフォロワーが登場。犯罪ジャーナリストの小川泰平だ。元敏腕刑事で500回以上表彰されてきたというのが、インチキ臭くていい（左が私。小川氏の画像は公式HPより）。

うことで降板が筋だが、リベラルなテレビ朝日は、そのまま放送することを決定した。正しい判断だ。私が社長だとしても、「話題になる」とイケイケで放送するだろう。高島は「役柄と同じ警察官の心を持って、夫を指導します」と堂々演じればいいのだ。

そして、第2話か3話あたりで、恋人が覚せい剤でパクられるストーリーを放送すればいい。それを批判するのは、女性週刊誌くらい。かつて高島のエロ写真でお世話になった「週刊現代」や「FRIDAY」（ともに講談社）は、この件にからめて、高島の豊満ボディを再掲載するのではないか。私ならやる。

高島は『極道の妻たち』シリーズに代表されるように、女優としての狂気を持っている。だが、加齢とともにイメージがボンヤリとしてきてしまった。

夫がこのような状況になった今、高島が警察官役をどう演じるか。一皮むけた高島礼子が見てみたい。太田プロよ、女優として開花させてほしい。

6月30日に開いた会見では、高島は「今は妻として責任はある」「（離婚は）今後の彼の動向を見て判断」と語っていた。離婚するのか、それとも女を張って、ずっとヒモを養っていくのか。ドラマの視聴率が良ければ離婚する必要はない。悪ければ離婚。視聴率次第だろう。

困った夫を持った女優の最高峰は、いしだあゆみ。80年にショーケン（萩原健一）と結婚（籍は入れず事実婚だったといわれている）。83年、いしだの目の前でショーケンが大麻所持容疑で逮捕されたとき、「何やってるの！」と大騒ぎをした。あのいしだの狂気はすごいものだった。

振り返れば、90年代後半「サンデー毎日」（毎日新聞出版）で私がプロデューサーとして連載していたグラビア企画「東京美女」の第1回の被写体は、いしだあゆみだった。いしだももう68歳。我が社近くの新橋5丁目に住んでいるらしく、断捨離してシンプルな姿で街を歩き、古びた中華屋に出入りしているところをよく見かける。レズになったというウワサも……。高島は、今後いしだあゆみ的人生を歩むのだろうか。

男のけもの道の行き先は高須基仁、女のけもの道の行き先はいしだあゆみなのかもしれない。

【今月の懺悔】

別れた妻の兄・武隈氏がテレビ朝日アメリカの社長に。上智大学ロシア語学科卒で、ロシア専門出版社を経て、テレ朝ではモスクワ支局長を務めたロシア通。 きっとスパイと疑われるはずだ。それにしても周りばかりが偉くなるな。

女優でなく取締役として会見で泣いた高畑淳子、もうテレビは諦めて舞台で全国行脚しろ！

2016年10月号掲載

愛川欽也とうつみ宮土理が建てた中目黒の「キンケロ・シアター」で、ミュージカル「赤毛のアン」を鑑賞し、思わず涙を流した。

上演したのは、梅沢重雄氏が理事長を務める日本航空学園主宰「ウィングシアター」である。元劇団四季の女優・相良まみが総合演出を務め、毎年、ミュージカル公演を行っている。「赤毛のアン」は東京、静岡、山梨で上演された。舞台には、カタルシスがある。

高校時代の友人で劇団青年座の演出家・鈴木完一郎は、２００９年7月に亡くなった。同年9月にお別れの会が開かれ、青年座社長や制作本部長、多くの俳優たちが駆けつけ、完一郎の演出家としての異才ぶりを偲んだ。完一郎と青年座同期の俳優・西田敏行は、会場で私の姿を見つけると「高須さん、完一郎から、よく噂を聞いていたよ」と初対面ながら握手を求めてきた。

会場には、高畑淳子も来ていた。そのときすでに青年座の取締役になっていたと後から聞いたが、彼女は私に一瞥をくれただけで何も言わずに去っていった。

舞台は決してひとりでできるものではない。もちろん映画もテレビもＣＭもひとりでは創ることはできない。だからこそ逆に、女優はその中で選ばれし者、「私にしかできない」と思うことが大切だ。女優は「優れた女」であり「優しい女」である。このことは、常套句のようにずっと言い続けてきた。

そのときに引きずってはならないものがある。ひとつは家族、ひとつは私生活である。しかし、それらを徹底して、女優人生に持ち込まなかった日本人は、たった２人しかいない。原節子と岩下志麻だ。あとはみんな私生活を切り売りして、だらしない雰囲気になってしまっている。

高畑のことは面白い女優だと思っていた。２０１６年放送されたドラマ『ナオミとカナコ』（フジテレビ系）の中国人役もよかった。だが、60歳を過ぎて、女優としてのタマが尽きたと自覚していたのだろう。バラエティ番組では、高畑裕太を前に出してトークしていた。

「赤毛のアン」にはAKB48の藤田奈那が出演しているため、私の後ろではAKBメンバーたちが観劇。彼女たちとは顔見知りだが、「私の近くにいるとイメージが悪くなるぞ」と言っておいた。

それは、息子を売り出そうとしていたのではない。ただ、女優であるいた自分の肥やしにしようとしていたのだと思う。彼女は息子のことなんか、これっぽっちも思っていない。

女優の足元には、たくさんの死体がある。息子や亭主、すべての男たちの死体の上に自分がいる。女優に始めから道徳・常識・倫理は求めてはいけない。息子の不祥事を受けても、舞台に立つことを選んだのは当然すぎる選択だ。

三田佳子は、息子の高橋祐也が覚せい剤取締法違反で1回目に逮捕されたとき、「息子は息子、私は女優」という態度を見せた。だが、マスコミに叩かれた。2回目に逮捕されたときは、涙の会見を開いた。これでは内股膏薬だ。片方の股には女優、片方の股には家族。右に付いたり左に付いたり。これが失敗だった。

高畑も会見を開いて、カメラの前で泣いた。マイク一本のひとり舞台は失敗に終わった。

女優なら「息子は息子」「何が悪い」という態度を貫くべき。青年座内部の権力争いでも、容赦なく男たちを死体にしてきたはずだ。西田敏行に薬物疑惑が流れたのも、権力争いの中から出てきたものではないか。高畑はなぜ、今回はいい人になろうとしたのだ。金、権力……女優であること以外の何かを背中に負うと、体ひとつでやりきる覚悟が持てなかったのだろう。

ひとり芝居、セルフプロデュース、言い方はいろいろあるが、いずれにせよひとりで書いたシナリオはうまくいかない。結果として、泣いた三田佳子は二度と這い上がれなかった。高畑も、今までのようにはいかないだろう。だが、映画やテレビだけがすべてではない。舞台で全国行脚すればいい。

そもそも、息子の強姦容疑で親が責任をとる必要はない。

映画撮影の長期ロケにおいて、「歯ブラシを持ってきてくれ」「トイレットペーパーが切れた」……これは気に入った従業員を引っ張り込むための、使い古されたやり方である。

１９７０年代の映画業界ではよくある話。私はいくらでもそういう現場を知っている。

高畑裕太の事件についても、映画に関わったことのあるやつなら「コイツ、手慣れているな」と思っただろう。ホテル従業員に対して、「訴えられない」という圧倒的な高いところからの目線がある。嫌な事件だ。

役者よりもよほど役者だと思うのは、丸川珠代と小池百合子だ。丸川も小池も、会見で泣かない、内股膏薬をしない、そして、人の足を引っ張りながら前に出てきた。私は５年以上前から、「この２人が天下を取る日が来るぞ」と言い続けていたが、やっぱり来た。彼女たちこそ、女の一本道で生きているのだ！

【今月の懺悔】

7月30日「 WANGAN MUSIC CARNIVAL」を開催した。結果、300万円の赤字。会場代をまだ払っていない。その代わり、違うイベントを同会場で予約した。借金は順送り。エンタテインメントとはカタルシスだ。

「このハゲーーー」の豊田真由子は昭和の女の鑑!? 丸川珠代、三原じゅん子も……

2017年8月号掲載

罵詈雑言、口汚く罵る。物心ついたときからそれが日常茶飯の世界に生きてきた。祖父が営む商売には住み込みの人もいて「このやろう」「殺すぞ」程度のことを雇人に言うのは、商人、職人の世界では当たり前。小学校でも先生は罵詈雑言の嵐。とりわけ体育の先生は口汚い。中学に入ると「チャンコロが」と言う先生もいた。「チャンコロとはなんですか」「中国人のことだよ」と。あとで聞いたら、中国に兵隊に行っていた先生だった。

高校に入ると運動部、とりわけ野球部は鉄拳制裁は当たり前。気にもしない。軍隊の流れがあったのだろう。年に一回のお祭りでは町内同士で大喧嘩、殴り合い。だが、入院するまではやらなかった。家庭内でもちゃぶ台返しが日常茶飯事だった。

「日本人はおとなしい、中国人や韓国人のように大きな声を出さない」とよくいうが、1965年くらいまでこうだった。当時の故郷・静岡掛川は職人、商人、在日、同和、ヤクザが多かった。

罵詈雑言と小暴力がなくなったのはいつからだろうか。70年代に入った頃からか、規制、規制が始まり、口喧嘩が消え、議論がなくなった。

それでも職場ではまだ残っていた。私がおもちゃのトミーに入社して6カ月間、倉庫で研修を受けていたが、倉庫会社の年輩従業員からは毎日罵詈雑言の雨嵐。トラックを運転すれば、「そこ曲がってんじゃねえよ」と横からぼんぼん蹴られた。だが許容の範囲だ。師弟関係なら当然。そうして仕事を覚えていくものだろう。

ストレスがどうのこうのは問題ではない。これが日本の文化だった。いつのまにか日本人が優しく柔らかくなっただけ。

だが、あの頃の日本人を久しぶりに見た。豊田真由子議員である。大学にはこんな女が何人もいたと懐かしく思った。中央大学では、女たちに「このチビ」「短足」「バカ」とガンガン言われた。私も100倍くらい言い返した。

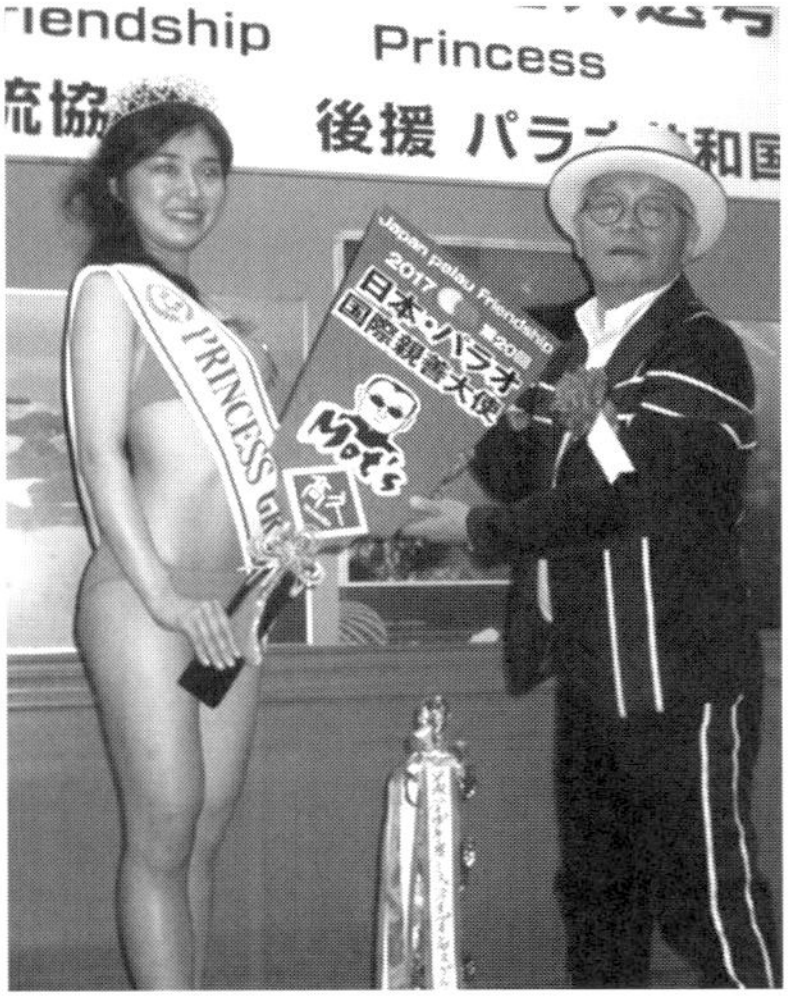

7月1日、私が審査員長を務める「日本・パラオ国際親善大使プリンセス選考会」が行われた。グランプリは家田恵里佳さん。豊田議員とは似つかぬ、真の清楚さの持ち主。これはこれでイイ。

今では時々息子に言われる。「親父、けんか腰でものを言わないでくれ」と。今、「けんか腰」は「パワハラ」と呼ぶ。

薄ら笑いをするくらいなら、激高したほうがいい。陰湿よりもあっけらかんがいいと私は思っている。豊田はエリートがゆえに、周りがバカに見えるのかもしれない。それが本音だろう。本音でぶつかってダメなら、相手（秘書）を替えるしかない。代わりはいくらでもいる。それが彼女のロジック。

他の議員、例えば田中眞紀子はどうだったのか？　片山さつき、三原じゅん子はどうなのか？　三原は写真誌のカメラマンに馬乗りになり暴行した過去がある。片山はどうなのか、元夫の舛添要一に聞けばいい。五輪担当大臣の丸川珠代は、参院厚労委員会で柳田稔に対して「愚か者め」とわめいたことがある。

国会の野次もひどい。安倍晋三だって、キレている。豊田はたまたまセンセーショナルに暴露されただけ。今は入院しているというが、そんなタマではないだろう。「それがどうしたの」と出てくればいい。これからは秘書ではなく民進党に対して、議会であのままストレートにガンガンやればいい。

私はタクシー運転手が道を間違えたら座席を蹴る。そうすると「ここにカメラがありますよ」と言い返される。私の秘書でマルタ島に留学中の慶應大学法学部卒の女史にも「てめえ、バカ」と言うが、最近は言い返されている。豊田の秘書も車を止めて言い返せばよかったのだ。それによってお互いに成長できるものだ。

私はかつて新宿ロフトプラスワンのトークイベントで客にキレてマイクを投げつけ、相手にケガをさせて慰謝料１００万円を取られたが、現場で「警察を呼べ」というやつはいなかった。その場にいた三浦和義も鈴木邦男も「もっとやれ」「やり返せ」と煽った。こんなことで死刑にはならない。立件すらされない。もちろん、豊田は議員を辞める必要もない。３期目はないだろうが。

兵庫県知事選に見事に落選した勝谷誠彦。こういうのを「とち狂う」という。まるで勘違い。彼は自分のエセエリート、エセセレブな経歴を見て、千葉県知事の森田健作よりも、神奈川県知事で元フジテレビの黒岩祐治よりも、かつての宮崎県知事・東国原英夫よりも自分のほうがはるかにマシと踏んだのだろう。医者の息子、灘高校、週刊文春というキャリア。所属する吉本興業からも背中を押されたのだろう。だが、タイミングを逸した。やしきたかじん亡き今、バックアップは薄い。たかじんが生きていれば、状況は違っただろうが……。

【今月の懺悔】

勝谷誠彦は当選していたら、丸川珠代、小池百合子、森田健作、黒岩祐治の間に割って入り、兵庫県でも「一部の五輪競技を」と東京＆兵庫五輪を開催したに違いない。元タレントだらけの日本。勝谷、懺悔しろ！

第二章

男、そして私

〝高須の健康不安説〟を流すやつらに告ぐ！ 私はあちこち不如意だが、まだリタイアしない！

2014年4月号掲載

「高須は最近、元気がない」と言っているやつがいるらしい。そりゃそうだ。私は手元、内臓、口元、足元、目元、髪の毛不如意なのだ！

大学を出て、おもちゃのトミー（現・タカラトミー）に入社した。当時は、「どんなに景気が悪くても親は子どもにおもちゃを買い与えるから安泰だろう」と思っていた。しかし、80年代にファミコンが出てきて、あっという間に手に負えなくなった。

ストレスで酒を飲み、胃がんを患い、胃を4分の3切除した。2年半療養した後、「不況になっても戦争になっても、エロだけはなくならないはずだ」との思いで、出版業を始めた。だが、ヘアヌードはたった10年でブームが終わった。

始めから出来上がった世界に行くつもりはなかった。成長期のおもちゃ、黎明期のヘアヌードに活路を見い出した。今でいう〝ニッチ〟である。2つの分野で40数年突っ走り、おもちゃはサラリーマンとして作品を残し、ヘアヌードでは名を残した。しかし、〝実〟は残らなかった。1年1年を〝ご破算〟して生きる、手元不如意の人生だ。

「失ったものを数えるな。残されたものを最大限生かせ」

　これは、パラリンピックの創始者、ルートヴィヒ・グットマン博士の言葉だ。高校時代の現代国語の田中先生が教えてくれた。この感覚が、生き方の原点となった。

　手元不如意の人生を選んだ結果、胃を失って内臓不如意になった。そのため胃液が逆流して歯が全滅し口元不如意。痛風になり足元不如意。月1回ほど激しく痛み、杖をついている。だが、薬は飲まない。

　学生運動で丸太を持って防衛庁に突っこんだ際、警棒で叩かれた。社会に出てからもさまざまな場面で殴り合ってきた。そうしたバイオレンスな生き方のせいか、あるいは読書量が他人の10倍、20倍あるせいか、右目がダメージを受け、まったく見えず、動かなくなった。ロンパリだ。目元不如意。

最近は、杖をついて公の場に出ることもあり、「高須が危ない!」との風説が流れることに。そんな不如意の状態で最後にやることは、ひとつ。暴露・告発。自ら著者になって暴露する。

　見た目も老人臭くなってきた。髪の毛不如意である。唯一やせがまんしているのは、真冬でもタミヤの半袖Tシャツを着ていること。本来タミヤなんて戦争もののプラモデルで成長した会社のTシャツは着たくないが、たまたま我が社の近くに店舗があり、「戦うぞ」という意味を込めて着ている。それを真似したのが、ゴールデンボンバー。真似していることに私が気付いてから、あいつらは着るのをやめたようだ。

同世代のビートたけし、テリー伊藤と比較してみると、たけしの口の回らなさに比べれば私のほうが回る。たけしも顔面麻痺で目がおかしい。テリーは斜視を治したが痩せた。たけしはハゲてない、テリーは私よりハゲている。風体はいちばん老けたのはたけし、変わらないのはテリー。私はその間くらいだろう。彼らが現役でいる限りは、私も社長を続けるつもりだ。

だが、「しがみついてる」とは思われたくない。しがみついているやつはたくさんいるが、最たる者が高倉健と吉永小百合だ。昔のイメージにすがりつき、おじいさん、おばあさんにもかかわらず、おじさん、おばさんの役をする。

どのタイミングでリタイアするか。サラリーマンなら定年が否応なしにある。私は自分で決めないとならない。この引退不如意感……。

世の中の状況を考えると、私のようなリベラルな人間はだんだん疎んじられているように思う。私と似ている佐高信は、つい最近「サンデー毎日」の連載を「若返り」という名目で切られた。辺見庸を切り、今回佐高信を切ったことによって、リベラルを気取ってきた毎日新聞社は右にカーブを切った。

佐高は『サンデーモーニング』（TBS系）にも呼ばれなくなった。佐高だけでなく、落合恵子、宇都宮健児、雨宮処凛、石坂啓ら「週刊金曜日」の論客陣は、最近テレビで見なくなった。私もテレビ出演が極端に少なくなってきている。「高須さんはアカだから」

とテレビ局で言われたことがある。「エロボケ」「アカ」といった戦前の差別用語を再び耳にするようになった。

反対に、マイノリティであるはずの右翼の木村三浩が論客として平気でテレビに出演し、ＮＨＫ会長の籾井勝人や、ＮＨＫ経営委員で埼玉大学名誉教授の長谷川三千子が不用意な発言をするような状況である。

若い論客はなかなか出てこない。若いやつは、テレビと活字を見限り、ネットの中で跋扈しているのだろう。私はネットはブログしかやらないが、その影響力と活字の影響力は持っている団塊世代のひとりだと思っている。私が元気でいることが今の時代に大切なこと。私は平和のリトマス試験紙なのだ！

【今月の懺悔】

メイクをし、底高靴を履き、高級スーツを着ていた猪瀬に比べ、舛添都知事は、かつらを付けず白髪を染めずつるしの背広。どこか私の感覚と似ている。明日をもしれない感覚。でも都知事がそれじゃマズいよね。

ＡＳＫＡの薬物使用は才能の老化の防止のため！
芸能界にはびこる、恐喝のカラクリを明かす

2014年7月号掲載

先日、白内障の手術をした。２０１４年1月から右目は失明状態だった。すべてを磨りガラス越しに見てるようなもので、近づこうと見えない。見えないことは本当にストレスだと、あらためて気づいた。

白内障は若い人はあまりならない。ほとんどが加齢によるもの。老化は歯、目、まらにくるというが、ついに目にきたわけだ。歯はすでに入れ歯とインプラント。まらはまだ大丈夫。いざとなればバイアグラがある。

手術は15分ほどで終わった。術後は完璧。新緑の季節、グリーンのグラデーションがこんなにきれいだったとは、と久々の景色に驚いた。

医療の進歩はすごい。美容整形も含めて、「アンチエイジング」は、これ以上ないというほどできている。ちょっと昔まで、バイアグラなんて夢のまた夢だった。女性も、50代後半の女性が、娘夫婦の受精卵の代理母として出産した例がある。

だが、どういう手段を用いてもアンチエイジングできないものがある。才能だ。才能に不老はないと思う。一般的に、どんな才能も65歳には枯渇している。芸能人が薬物に走る

のは、老いていく才能のささやかなアンチエイジングではないか。

ＡＳＫＡは56歳。髪の毛はたくさんある。歯や目は治したのだろう。バイアグラも飲んでいたかもしれない。そして最後、老いさらばえた才能をもう一回復活させるため、薬物を使用したのだろう。薬物による高揚感に、失ってしまった才能が甦ると勘違いしたのではないか。

ヒット曲「ＳＡＹ ＹＥＳ」が主題歌となったドラマ『１０１回目のプロポーズ』（フジテレビ）は、もてない男とかっこいい女の恋愛物語だった。ＡＳＫＡも見た目はケモノのようで武田鉄矢に似ている。愛人とされるあの女は浅野温子という感じ。セックスのときに、ふたりで『１０１回目』を見ながら、登場人物になりきって寸劇でもしていたのかもしれない。

薬物に走らずとも、サラリーマンにも似たような感覚がある。サラリーマンは、「定年」という言葉にいちばん老年を感じるようだ。その喪失感を埋めるため、私の友人は定年後、「元○○株式会社●●部長」と、一部上場企業に勤めていた頃の肩書が入った名刺を作って持って

杉本彩に先日会ったら、往年のにっかつ女優のような懐かしさ漂うイイ女の顔つきになっていた。性格もいい。体もいい。私が写真集をプロデュースするからには、当然脱がせるぞ！「脱がせ屋」復活にご期待あれ!!

いる。笑っちゃうね。自分を証明する手段が、「元〇〇社員」という名刺しかないのか。その名刺がもたらす現役当時の高揚感は、おそらくＡＳＫＡが数万人の前で歌っていたときの高揚感と似ているのだろう。

ＡＳＫＡは薬物使用に関して、当初は合法の「アンナカ（安息香酸ナトリウムカフェイン）」だと思っていたと供述した。確かに、初めはシャブと思わず、使用していた可能性もある。ＡＳＫＡは、シャブの味なんかわからない。自宅に覚せい剤検査キットがあったというから、「もしかしたら非合法かも……」と疑ったこともあるかもしれないが、その時にはもうやめられない状態になっていたのだろう。

私が聞いた話によると、ＡＳＫＡのシャブ使用をつかんだあるアングラ人物はそれをネタに、ＡＳＫＡを恐喝しに行ったという。しかし、ＡＳＫＡは「合法だ」と突っぱねた。恐喝者は、次に所属レコード会社に、「２億円払わなければ、週刊誌に記事が掲載されますよ」と持っていった。ユニバーサルの役員は「書くなら書けばいい」と答え、すぐにケツ持ちの幹部に電話を入れたそうだ。

恐喝者は、この件と同様に、何人かの野球選手やタレントを薬漬けにしてそのネタをメディアに売りつつ、その記事を止めさせる交渉を本人やマネジメントサイドに持ちかけるか、あるいは所属事務所の顧問という形で合法的に入り込み、カネを得ているらしい。

横浜銀蝿の翔も、田代まさしも、この人物によって薬漬けになった。クレイジーケンバンドはこの人物がらみで、映画の企画が宙に浮き、今後大きなトラブルに発展すると見られている。

さて、3月に死去した安西水丸に続き、4月にはエロスの権化の渡辺淳一が亡くなった。百瀬博教、団鬼六、真樹日佐夫……次々に、私の周りにいたエロスや格闘に生きた人間が死んでいく。生きているのは荒木経惟ぐらい。私は自ら前に出ずとも、ところてんのように年齢的に押し出されている。

同じように、45歳の杉本彩も、他のエロ女優たちがズッコケたために、自然と前に出てきた。藤原紀香も川島なお美も岡本夏生もコケ、米倉涼子は鼻につく。壇蜜は伸び悩み、追い上げてこない。

唯一、切れ味鋭くエロスができるのは、杉本だけ。だが、代表作がない。だから、私が写真集でもって代表作を作ろうと思っている。２０１４年の後半は、杉本から始まる！

【今月の懺悔】

2泊3日検査入院し、白内障も含めてあちこち調べた。痛風以外は悪いところは一切ない。胃も肺も肝臓も全然OK。食道が荒れていたが、それはタバコの吸い過ぎ。強靭な体だ。これからもイケイケでいきます！

「松井より才能があった」ひざの痛みを止めるため薬物に走った清原を私は支えたい

2014年11月号掲載

日本時間2014年9月26日、40歳で引退するニューヨーク・ヤンキースのデレク・ジーターが、本拠地ヤンキースタジアムでの最終戦となるオリオールズ戦に出場した。8回まで5－2とヤンキースがリード。ところが、5－5に追いつかれ、9回裏、ジーターがサヨナラヒットを打つという劇的な展開に。初めから筋書きがあったんじゃないかと思わせる、ジーターのための試合となった。NHK BSの生中継に、ゲストとして松井秀喜が出ていた。引退すると、ここまで精気がなくなるのかという顔をしていた。

さて、9月に離婚した清原和博のことである。まだ西武ライオンズ時代、清原と私は、同じマンションに住んでいた。埼玉県所沢市の高層マンションで、私が19階、彼は23階に住んでいた。エレベーターホールや、1階の天ぷら屋、アスレチッククラブでよく会った。

当時を懐かしみ、「サイゾー」2011年10月号で対談した。彼があそこまで長時間対談をしたのはあれが最後だろう。奥さんと一緒に現場に来たのも、あれが最後だろう。

真夏にもかかわらず、清原は背広で来た。「入れ墨を隠すためだな」と私は気づいた。ゆっくり歩くのもキツそうで、亜希さんがそばを離れなかった。ひざが相当悪いことがわかった。

対談中、ろれつは回ってはいたが、〝心がそこにない〟というふうに見えた。私は何人か、同じように〝心がそこにない〟状況の人を見たことがある。萩原健一、田代まさし、清水健太郎、高橋祐也。よく似ている。

あのときの亜希さんの表情が忘れられない。「高須さん助けてね」と、すがりつくような目をしていた。当時の清原は、文化放送の解説くらいしか仕事がなかった。以来ずっとバックアップしてきたが、知らないうちにCMとバラエティ番組に出るようになって、つぶれた。

彼は、自分と松井を比較して「彼は亀、僕はウサギ。彼はコツコツ努力してきた」「才能は自分のほうがあると思う」と心の内を明かした。身長、体格は同じくらい。高校からプロ入り後の5年間くらいは、確かに遜色なかった。いやむしろ、清原のほうが上回っていた。落合博満が「日本の大天才は清原である」と断言していたほど、きらめくような才能があった。

しかし、彼は、メジャーとい

3年前、プロ野球界への復帰は厳しいといわれる清原に、日本航空学園野球部総監督のオファーを仲立ちした。年俸1億円を提示するも、彼はきっぱり断った。今も気持ちは変わりませんか？

う明確な目標を持っていなかった。ただ、自分の才能におぼれた。「大リーグに行く誘いはなかったのか」と尋ねると、「あった」と言う。でもそれは引退間近のこと。ずっと現役が続くと思っていた清原、現役は短いと思った松井。

今回、離婚にあたっては、慰謝料はなし、親権は奥さんということで決まった。清原本人は、はっきり言って三重苦。入れ墨、薬物疑惑、ひざの痛み。

入れ墨は気にする必要はない。メジャーリーグを見ると、過半数くらいが入れている。海外のサッカー選手にも多い。トップアスリートは入れている。清原は元メジャー選手のボンズに憧れていた。何も悪いことはない。

薬物疑惑の元凶は、18～41歳の間酷使したひざの痛み。痛いから痛み止めを常用する。これが、世間でいう薬物疑惑につながったのだろう。違法薬物まで手を染めているのかわからない。だが、そもそもが快楽を求めるために始めたわけではないので、ASKAとは決定的に違う。治療は可能だ。ひざの痛みから解放されれば、薬物からもすぐに解放されるだろう。

偉丈夫は身体の消耗も激しい。相撲も野球も格闘技も、あらゆる選手がひざからだめになる。前田日明も水戸泉も、松井もひざの手術を受けたが、38～40歳で引退した。清原の場合、完治するには人工関節を入れる手術をアメリカで受けるしかないそうだが、受けた形跡もない。

清原をあえて擁護したい。高校球児に、おとなしい優等生なんかいない。ハングリーな不良が高校野球をやるのだ。そして、それを楽しむのが我々だ。愛人問題で1億円取られた原辰徳よりマシだ。清原は、野球バカ一代の究極を行ったのである。

山が高いと谷が深い。今は谷底にいる。バラエティ番組など、妙なところに出ても消費されて終わるだけだ。それよりも、私が主催する格闘技大会「モッツ・ターミネーター」の代表にならないか？「清原和博のモッツ・ターミネーター」とタイトルを変えてもいい。合法暴力集団のトップとして、半グレ、ヤクザに対抗しよう。そして、人工関節基金として金を集めよう。報酬は、歩合制でどうだ？

修羅場、土壇場、清原場。そこで君臨すればいい。おまえにはファンがいる。敬う男たちがいる。

【今月の懺悔】

『中国俗語大辞典 チャイニーズ・スラング』（ブロック幸子著、展望社刊）をプロデュース。中国人のマナーが悪いと聞くが、日本人だってかつてはひどかった。嫌中がふつうになっている今、これはニュートラルです。

高倉健礼賛に異議！　やくざ役を演じながら喜々として勲章をもらう彼のどこがスターなのだ!?

2015年1月号掲載

２０１４年11月10日に高倉健が、11月28日に菅原文太が亡くなった。亡くなったとたん、一億総高倉健礼賛、菅原文太礼賛である。菅原文太はともかく、高倉健礼賛には私は異議を唱える。

好きか嫌いかでいえば、はっきり言って好きだった。かつて新宿には、昭和館という二番館、および昭和館地下劇場という成人映画専門のしょんべん臭い映画館があった。２００２年に閉館する際、寺山修司の最後の愛人だった高橋ひとみのグラビアをそこで撮影した。そのときたまたま上映していた健さんの名作『昭和残侠伝』を約40年ぶりに観て懐かしく思い出した。

１９５０～60年代、時代劇をメインとしていた東映は、片岡千恵蔵、市川右太衛門、中村錦之助（のちの萬屋錦之介）、東千代之介、大川橋蔵ら名だたるチャンバラ俳優を輩出した。その中で健さんは、はっきり言って二流。『宮本武蔵 巌流島の決斗』（65年）では、武蔵役は中村錦之助、健さんは佐々木小次郎役を演じた。59年、当時大人気の歌手・江利チエミと結婚し、名を成した。その頃は、女のスカートの中で生きる、チャラチャラした甘いマスクの俳優という印象しかなかった。主に現代劇を制作する第二東映の映画に出ていたが、第二東映が解散すると、任侠映画に出演するようになった。

やくざ映画の主役は鶴田浩二。健さんはやはり二番手以降だった。しかし、鶴田はあまりに右翼の匂いが強かった。そのため、何の色もない健さんが『昭和残侠伝』シリーズ（65年～）に主演すると、全共闘は健さんを礼讃した。それは右の鶴田の代わりに健さんを選んだにすぎなかった。

作品の出来としても、『昭和残侠伝』のほか、健さんの任侠映画は、菅原文太主演の『仁義なき戦い』シリーズ（73年～）に比べれば甘い。健さんはやくざとの付き合いも浅く、リアルでないのだ。

5年前、死亡説が流れた後に、本誌でジョニーと対談をした。その時彼は「マスコミはbasically I hate them、好きじゃないんだ」と前置きしつつ、キャロル再結成への淡い想いも語ってくれた。

前科者の話『幸福の黄色いハンカチ』（77年）は共産主義の山田洋次が監督した。『駅STATION』（81年）、『居酒屋兆治』（83年）は、やはり共産主義の降旗康男が監督した。健さんは左翼におもねった作品に主演し、全共闘世代のスターとなった。『居酒屋兆治』で共演した加藤登紀子の旦那、藤本敏夫は、社会主義学生同盟の私の手下だ。

だが、学生運動で実戦部隊を務めた私は、高倉健という俳優を決して認めない。作品の甘さもそうだが、何より一番ダメなのは、彼が1998年に紫綬褒章、2013年に文化勲章をもらって天皇陛下に頭を下げたからだ。

あれを見て暗澹たる気持ちになった。やくざ役や人殺し役を演じたやつが、天皇から勲章をもらうなんて。市井の人々の中で生きるはずの役者が、市井に生きないなんて。

やくざ映画にも左翼の映画にも、もっとメジャーはいる。萬屋錦之介、大川橋蔵、片岡千恵蔵、鶴田浩二、美空ひばり、石原裕次郎……健さんより100倍有名な、日本に勇気を与えた芸能人は誰ももらっていない。こんな恥ずかしいことはない。

かつて国鉄総裁の石田礼助は勲一等叙勲を辞退し、次のように言った。「俺はマンキー（山猿）だよ。マンキーが勲章下げた姿見られるか。見られやせんよ、キミ」。ジョン・レノンはベトナム戦争での米国支援に抗議して勲章を返還した。その志が私たちの世代には残っている。

冒頭で言ったように、好き嫌いでいえば、健さんのことは好きである。しかし、信用はしていなかった。同性愛疑惑があろうが、寡黙だろうが、江利チエミの命日に毎年花を手向けてようが、どうでもいい。文化勲章ですべてが台無し。

密葬で済ませたのは、そのためだろう。石原裕次郎の葬儀には3万人以上、美空ひばりには4万人以上のファンが参列した。健さんが同じことをやっても、100分の1くらいしか来ないだろう。文化勲章もらった役者の告別式なんて誰も行かない。そんなことは自分がよくわかっていたはず。密葬は、最後に偉大なるマイナー役者〝高倉健〟という存在を自ら認めたということだ。

国民栄誉賞の授与が検討されているというが、国民栄誉賞はやってもいいだろう。あの賞は、「ＡＬＳＯＫ」だかなんだかコマーシャルに出ている女子レスリング選手がもらうような賞だからどうでもいい。だが、文化勲章はレベルが違う。業界内で気配りの人として評判がいいという話を聞くが、人生役者、人たらしの究極だな。

11月19日には、元キャロルのジョニー大倉が肺炎で亡くなったと訃報が入った。ジョニーとはここ1年間、けんか中だった。上野仲町通りにある旧「モッツインターナショナルクラブ」で悲しみの献杯をした。

【今月の懺悔】

日本青年社元副会長の滑川裕二氏が逮捕された。モデルで08年のミスパラオの鈴木雅子さんが、会社経営者の男に強姦未遂に遭い、彼女に代わり解決に乗りだしたら、恐喝未遂で逮捕されたのだ！ まさにえん罪。断固擁護する！

我ら団塊の世代よ、まだ生き続けるのか？国も世間も、積極的な自殺をすすめているぞ！

2015年6月号掲載

周りの知人がゆるやかな自殺をしている。

我が社が浅草にあったときは、毎日のように夕方は田原町駅前にあるそば屋「甲州屋」に行き、そば焼酎を飲みながら、ジジイたちが話しているのを耳をすまして聞いていた。甲州屋にはサラリーマンは来ない。来るのは、金箔を押すやつ、下駄の鼻緒を作るやつ、おもちゃのリベットを作るやつ……そんな一人働きで、死ぬまで現役で小商いをやるやつばかり。それを〝コツコツ〟と人は言うが、違う。それしかできないのだ。

東日本大震災後、社屋を新橋に移した。どこで飲もうかと歩き回り、たどり着いたのは、ニュー新橋ビル地下1階の居酒屋「ニューニコニコ」。創業50数年、焼き場を守る女将さんと知り合い、かわいがってもらっている。

周囲は、ランチと夜の間に休憩を挟む店が多いが、ここは朝11時から夜11時まで12時間休まずに営業している。その小上がりで店内を見渡す。この店に来るのは、旧国鉄の操車場で働いていた労働者ＯＢ。徳光和夫さんともここで会ったことがある。男たちのさまざまな与太話、世間話を、新橋に来てから約4年間、じっと耳を傾けて聞いてきた。

話を聞いて感じたのは、団塊世代は、死に場所を探しているということだ。死に場所、死ぬ理由、辞世の句、あるいは遺書、そんなものを探している。耳に痛いのは、テレビなどで「あと数年たつと800万人が認知症になる、たいへんだ」という話。自分であって自分でない自分になる時代が、もうすぐそこまで来ていると、嫌になるくらいテレビと国家は言っている。これはズバリ言うと、「そうなる前に死ね、自殺してくれ」というキャンペーンではないか。プライドがある人間なら、自分でない自分で生きるなんて考えられない。前日までピンピン生きて、ある日コロリと死ぬなんて夢のまた夢。その前に自殺しろと、国を挙げて、世間を挙げて、家族を挙げて、〝自殺のすすめ〟を提唱しているのではないか。

創業半世紀以上、新橋の「ニューニコニコ」は、ソフィスティケートされたメニューで、酒飲みにはたまらない。壁に掛けられているのは、「一斗二升五合」の文字。その点も気に入っている。

若者が失恋したり、将来に絶望したりして自殺するのとは違う。平たく言えば、カッコ悪く生きたくない、これ以上迷惑をかけたくない、そのような思いから背中を押される、積極的な自殺である。その右代表が、4月20日に自宅で自殺したザ・ワイルドワンズの加瀬邦彦（74歳）である。人生で何かを残した人間は、無様な自分を晒す前に死を選ぶだろう。

逆に、人生で何もなしえてないやつは、家に閉じこもって家庭内出家し、「特養に行こうが、迷惑をかけようが、ボケてしまえばわからない。ボケたが勝ちよ」と生き永らえるだろう。ペシミストは積極的な死を選び、オプティミストは、ボケて生きる。どちらがいいか。

余談だが、若者たちの髪の毛が長かった時代、私はアイビールックで全学連として活動していた。防衛庁に丸太を持って突入したときも、ボタンダウンにコットンパンツ。不良っぽいテンプターズやタイガースではなく、ノスタルジックで甘いワイルドワンズやヴィレッジ・シンガーズが好きだった。

１９７１年にワイルドワンズが解散したあと、同グループの鳥塚しげきは、ＮＨＫ教育テレビの『ワンツー・どん』で歌のお兄さんになったり、ラマーズ法のカセットテープを出したりした。そのとき、おもちゃのトミーで働いていた私と知り合った。鳥塚と仲良くなり、加瀬とも浅いながらも交流を持った。ちょうどその頃、なぎら健壱が立石のトミーの近くに「キャノンボール」というスナックを出した。そこにもよく行った。

閑話休題。団塊の世代よ、あえて言いたい。希望は積極的な自殺だ。電車に飛び込むと金がかかる。車にガスを引き込むのもいいし、方法はいろいろある。そんなに存在が迷惑なら、いくらでも死んでやれ。その前に、やりたい放題、言いたい放題。これがキーワードだ。体が動く間は好き放題やり続ける。

6月19日、サイゾー連載15周年記念として、私が言いたい放題しゃべり尽くす！　イベントを開催する。「いつまでやるつもりなんだ」と呆れられても構わない。その点、腹をくくっているのが安倍晋三だ。動けるうちにやりたい放題。その結果が、日本無責任時代の到来である。それなら私が無責任の究極をやってやろう。限定50人のトークショーである。

　死ぬかボケるか、どちらを取るか。覚醒せずに生きるより、覚醒して死ぬことを私は選ぶ。国家転覆を図り死刑になるのもアリかもしれない。70歳にもなれば死刑もすぐには執行されず、死ぬまで牢獄の中だろう。その前に、社会的に死ぬだろう。これからは、非国民をめざします！

【今月の懺悔】

70年代、なぎら健壱と鳥塚しげきのどちらを選ぶかで、鳥塚を選んだ。なぎらは、カツラと帽子、二重に嘘をついているので嫌いだ。やくみつるのことが嫌いになったのも増毛したから。私は帽子はかぶるがカツラはかぶらない。

NHK大越健介2時間特番で見せたキャッチボールと涙は、強烈な反撃だ!

2015年10月号掲載

反撃反論のあり方の究極を見た。2015年8月23日放送のBS1スペシャル『大越健介 メジャーリーグをゆく~知られざるアメリカの素顔~』のことである。3月まで『ニュースウオッチ9』のキャスターを務めていた大越の2時間番組。てっきり「お疲れ様でした」という程度の番組を作ったのかと思っていた。

大越は、東京大学在学中、野球部エースとして、日米大学野球選手権大会の大学日本代表メンバーにも選ばれたという。NHKのキャスターには興味がないので、そんな経歴は知らなかった。ただ『ニュースウオッチ9』の降板間近に、安保法制や第二次安倍内閣に対して思い切って踏み込む彼を好ましく思った。〝国営放送〟NHKの限界を逸脱する鋭い論法。久米宏のシニカルさとは違う。インテリ特有の含蓄のある言葉とも違う。よく選択された自分の言葉で語っていた。

ところが、突然の降板である。彼は、その後のインタビューで「番組に新しい血を入れる重要性は理解しています」と語っていた。周りは明らかに〝更迭〟とわかっているが、本人はその点に触れず、やはり選択された言葉で回答をしていた。

『メジャーリーグをゆく』は、はじめはメジャーリーグに対する単なる礼賛番組かと思っていた。だが、途中から正座して見なければ、という気分になった。それは、強烈な反撃、強烈な逆襲の番組だったのだ。

彼は「野球は、まず相手とのキャッチボールから始まる」として、繰り返しキャッチボールをした。現在、メジャーを目指す若者を指導している松井秀喜とも、初対面ながらキャッチボールをした。松井は大越の投球に対して、「コントロールもいいし回転もきれい」とほめた。

プエルトリコでは、現地の少年野球チームと、海外遠征で来た日本の小学生チームの試合を観戦。日本の統率のとれたプレーに対して、プエルトリコチームは「ちんたら」している。しかし、ここぞというときに優れた集中力と団結力を発揮する。結局、逆転でプエルトリコが勝った。

大越は、まじめな日本の子どもたちを否定はしない。だが、プエルトリコの子どもたちはもっと野球を楽しんでいるように見える。そこが、日本とは違う、と再三言った。

東大野球部史上、屈指の投手だった大越。お役所気質なNHKの中で異質な空気を放っていた理由は“育ちの違い”があったからか。フリーになる気はないという。NHKの中で暴れてほしい。

かつてソフトバンクで活躍し、今はマイナーリーグに所属している川崎宗則選手も取材した。メジャーリーグに上がるのは大変ではないかと尋ねると、川崎は「楽しくてしょうがない」と語った。マイナーだろうとメジャーだろうと、毎日野球をする、毎日仕事がある、こんな楽しいことはない、と。川崎の父親は、ひとり働きの電気工事屋だという。毎日、休みなく仕事をする。そんな父親はプロフェッショナルだ、とあっけらかんと語る川崎に、大越はまたキャッチボールを頼んだ。ピシッと捕りやすい球が返ってきた。

ところどころ、大越の横顔がカットインされるのだが、眼鏡の奥で泣いていた。涙を落とすわけではないが、にじませていた。何度も何度も。

私は、彼は何を言いたいのか考えた。メジャーもマイナーもどうでもいい。統制されるのは嫌だ。今、この仕事を何を言われても貫くぞ。限りある人生を生きるんだ。そういうことではないかと思う。

大越は、「アメリカン・パスタイム」という言葉を使った。アメリカの娯楽の意味で、すなわち野球を意味する。アメリカン・パスタイム・イズ・ベースボール。その原点は、キャッチボール。相手の捕りやすい球を投げ合う行為だ。

『ニュースウオッチ９』では、組織における駆け引きと権謀術策、さまざまなことがあったと思う。駆け引きには若干負けた。だが、この番組で「捕りやすいところに投げていく」という宣言をしたのだと思う。駆け引きはゲームの中だけで十分。人生は真っすぐで捕りやすい球を投げる。それが神髄だと、２時間にわたり提案した。大越はいい仕事をした。今、いちばん会ってみたい男である。

キャッチボールをする子どもが減っているという。私は親父とよくしていたし、息子ともした。男も女も関係ない。ジジイたちよ、ゴルフクラブを買うよりグローブを買いにいかないか。それも2つ。そして、誰でもいいから「ちょっとキャッチボールしようよ」と誘わないか。

スポーツとエロスが安心してできない時代は、戦争の時代だ。スポーツ紙の重要性をしみじみ感じた。スポーツ紙が生き生きしている時代は平和ということ。スポーツ紙は軒並み部数を落としているというが、その分、スマホでみんながスポーツ紙の記事を楽しんでいる。スポーツ紙が元気であることは大事なことだとしみじみ思う。

【今月の懺悔】

トミーに勤めていたときから使っていたグローブを離婚時に捨てられた。草野球チームを作り、CBSソニーとよく対戦した。向こうのマネージャーはKさん。現在は芸能プロ「プチスマイル」社長だ。いい思い出である。

反社会的なるものに厳しい今の時代に、私が地下格闘技大会を開催する深い理由

2015年12月号掲載

1990年代から00年代、K‐1の石井和義館長と公私ともに仲良く、当社が「格闘伝説」（その後「リアルバトルトーク」と改称）というK‐1に特化した月刊誌を作っていたことがあった。PRIDEでは、亡くなった百瀬博教さんとの縁で、私が広報役を務めていた。

その後、不祥事が相次ぎ、視聴率も振るわず、テレビ放映がなくなっていった。そんな状況の中、08年、渋谷で「KRUNCH」という地下格闘技の第1回大会が開催された。開会の挨拶を頼まれ、「喧嘩上等、ルール通り戦うこと、終わったらノーサイド」、この三原則を徹底させた。それでも負けた応援団が勝った選手を殴りに行くという場内外の大乱闘があった。ほかにも計70試合以上の地下格闘技大会で挨拶を行った。

11年、東日本大震災のわずか2カ月後、5月4日にゼップ仙台で、ジョニー大倉をゲストに呼び、暗澹たる雰囲気の中、復興を目指して「KRUNCH仙台大会」を開催したこともあった。

選手の中には、スネに傷を持つ者、背中に刺青が入った者、果ては逃亡中の容疑者とい

う若者までいて、約5年間、当局の動きにドキドキしたが、「地下格闘技の広告塔」といえば高須基仁と言われるまでになった。

ところが、チケットを恐喝まがいで不正売買する選手やオレオレ詐欺に手を染める選手が出てきて、「地下格闘技」と名のつく大会には、どこも会場を貸さなくなった。

合法的に、公に殴り合うということに対してカタルシスを感じてきた選手たちが出る場所がないのは問題だ。逆に潜在化してしまい、反社会的団体の横やりも多く入るようになってしまう。そう考え、14年9月、私は地下格闘技大会「モッツ・ターミネーター２０１４」を旗揚げした。ターミネーターとは「終結させるもの」という意味の力強い言葉である。従来の反社会的な〝色付き〟大会とは決別し、警察の力もやくざの力も借りない、新しい形の地下格闘技大会を目指すということだ。

東スポにスクープされたが、今回のターミネーターのゲストには、田代まさしを予定。が、いまだ本人から返事はない。田代、逃げるな！ 俺の胸に飛び込んで来い！（写真は前回大会の様子）

そして、来る12月27日、第2回大会をディファ有明で開催する！ 地下格闘技を名乗っているが、私がやるのならと会場を貸してくれた。

動員目標は、約１２００人。なんら心配はしてない。夜間は場外で何が起こるかわからないので、午後1時からスタートして、日が暮れるころには終わる。

私がなぜ格闘技にこだわるかというと、全力プレーが心を打つからだ。

巨人軍の野球賭博問題で3選手がやり玉に挙がっているが、3人に共通して言えることは、全力プレーをしてこなかったということ。していたら、賭博なんかやる暇はない。

巨人軍で全力プレーの選手は3人しか思い浮かばない。1人は、高橋由伸。2000本安打に届かなかったのは、全力プレーのせいだ。全力の守備でフェンスに激突し、けがをした。高橋のけがは、不注意ではなく、いつも全力プレーの結果だ。

もう1人は松井秀喜。やはり全力の守備で手首を骨折、1年を棒に振った。桑田真澄も、フライに飛びつき、肘を傷めた。この3人のうち誰かが監督になればいいと思っていたが、高橋が選ばれた。いい選択だ。

地下格闘技も全力プレーだ。モッツ・ターミネーターは、2分2ラウンド。ほとんど10~15秒で勝負が決まる。まさしく秒殺。喧嘩とはそういうものだ。

従来の地下格闘技のスター選手を出すつもりはない。我こそは、と思うヤツは、私にメールをくれ！　勝っても賞金は1万円だ。純粋に戦いたい奴が来い。

今の時代、反社会的なものに対して、世間はシビアな見方をしている。私がこの大会を主催することも、賛否両論だと思う。だが、オスカー・ワイルドはこう言った。「話の種になるより悪いことがひとつだけある。話の種にもならないことだ」

PRIDE、K-1、UFCも年末に大会を開催するらしい。何万人と動員するだろう。私は埋め立て地で1000人を集める。マイノリティの真骨頂を見せるつもりでいる！

マイノリティとしては、いろんな点をシェイプしている。パンフレットは作らず、その代わりに私の著書『慶應医学部の闇』（展望社）新書判を配布する。ポスターも作らない。テレビは、ネットテレビのモッツチャンネルで生中継する。リングを華やかに彩るために、きれいどころも準備する。第4回国民的萌えクィーンコンテストのミスフォトジェニック賞のさくさんと、第20代熟女クィーンの加藤愛子さんが出演する。

あっという間にモッツ25周年。

私の考え方は古めかしいだろうかと思うこともあるが、これでいい。私の心に残る百瀬さん、石井館長の思いを、モッツ・ターミネーターですべて見せる！　年末、ふるさとに帰れない人は、見に来てくれ!!

【今月の懺悔】

第1回ターミネーターのラウンドガールほか、他のイベントに毎回出演していたローバー美々を今後ははずし、菅原ブリタニーに切り替えていくことにした。理由は、ローバー自身がわかっていると思う。それが今、胸が痛い。

ベビーベット開発に復興マネー不正糾弾、そして地下格闘技の最前線、2016年はイケイケで攻める!

2016年3月号掲載

私がインスパイアされ、メルクマールとして判断基準にしていた人たちが、この数年間で次々に倒れた。野坂昭如さん、安西水丸さん……ことごとく逝去してしまった。その一人が、若い頃は伝説的不良で、晩年は総合格闘技PRIDEのプロデュースを手がけていた作家の百瀬博教さんである。

百瀬さんとの関係は深かった。生前、百瀬さんはよくこんなことを言っていた。

「俺が米に困ったら、右に太田、左に高須がいる。太田は金に飽かして米を持ってくる。高須は押し入って米を盗んで持ってくる。そして俺の米びつに入れるだろう」

「太田」とは、大手レコード会社幹部だった太田某氏のことである。

2016年1月27日16時、百瀬さんが大好きだったアメリカ車のハマーに乗って浅草近くの竜泉寺に向かった。百瀬さんに師事した若者たち20数名も集まった。私と太田氏と関係者のN氏の3人で百瀬さんの墓を磨き、全員で線香をたむけ、ご命日の法要を行った。

その後、太田氏は若者みんなを引き連れて、浅草のてんぷら屋へ。私はハマーで南千住にある行きつけの老舗うなぎ屋「尾花」に行き、百瀬さんが大好きだったうな重と肝吸いで故人を偲んだ。

百瀬さんの商売は、太田氏が受け継いだ。膨大な人脈は、オモテもウラも私が色濃く受け継いだ。

２０１２年に亡くなった、空手家で作家の真樹日佐夫先生にも薫陶を受けた。真樹先生は浅草をこよなく愛し、毎月一度は、浅草のコリアンストリートと呼ばれるところにある韓国料理屋にいて、よく「高須、今から来いよ」と電話がかかってきた。しかしある日突然、逗子で不慮の死を遂げた。

大病を患っているわけではないが、生へのエネルギーが日に日に減っていくことがわかる。もって3〜4年だろう。後藤新平の「自治三訣」を胸に、残りの人生を戦うことを決めた。

このような背景があり、私は知らないうちに地下格闘技の前面に立つようになった。12月に開催した地下格闘大会モッツ・ターミネーターにも、北海道から大阪までの、数々の地下格闘団体の代表者がわざわざ足を運んでくれた。３年前にオレオレ詐欺で捕まった地下格闘団体「野蛮一族」の代表も来た。敵同士もいれば問題があるやつもいるが、みんな一緒にディファ有明のリングで、私を中心に記念写真を撮った。

２０１６年、私は腹をくくった。今年はイケイケで行くぞ！

周りのやつらは、手元不如意で行き先不明の今の私の状況を「どうしようもない」「しょうがない」とばかり言う。しかし、私はどんな状況にあっても「どうしようもない」と思ったことは一度もない。高須には、修羅場・土壇場・タカス場がある！　土俵際に追いやられても、足がかかった勝負俵がグッとゴムのように伸びて、いつまでも粘ることができる。それがタカス場だ！

メルクマールとなる人々が亡くなった今、私は20代の若者と手を組んで、共闘していくことを決めた。ヤクザでも半グレでもない、無鉄砲で徒手空拳、インターナショナル感覚を持っている若者、アレックス松浦という26歳の青年である。

〝最後のフィクサー〟といわれる朝堂院大覚の実子である彼に対して業界では毀誉褒貶があるが、センスも実行力も抜群だ。私とはギブアンドテイクでやっていく。

アレックスと共に2016年、取り組むテーマは3つ。地下格闘技、出版、そして子ども産業。私はおもちゃのトミーに勤めていたが、もう一度、子どもの世界に乗り込む！今、販売に携わっているのが、ベビーベッドである。うつぶせ寝で窒息死する子が後を絶たないが、それを防ぐ画期的なベビーベッドを売り出す。

おもちゃ業界25年、出版25年。その集大成を今後3年間で行うつもりだ。たった1000日の戦いである。今の体調では、東京オリンピックまではとても生き延びることができないだろう。百瀬さんは、私と同い年のときに死んだ。ここからは、お釣りのような人生だと思っている。

出版においては、まずは、石巻市の東日本大震災復興マネーの不正利用を糾弾しようと立ち上がったグループに加勢している。石巻市は東日本大震災で大きな被害を受けた。復興マネーを利用して、私腹を肥やそうとしている輩がいる！　その筆頭、亀山紘・石巻市長の首を取るつもりだ。さっそく「週刊金曜日」をはじめとする各メディアに報道を仕込んだ。さらに、某ブロック紙東京支社長の首も取るべく動いている。金に飽かして女を孕ませて捨てるなど、やりたい放題。もう許さない。

したり顔、擬似エリート、エセセレブ……そいつらの首を容赦なく取りにいく。明治大正に活躍した大政治家・後藤新平が書いた「自治三訣」は、「人のお世話にならぬよう、人のお世話をするよう、そしてむくいを求めぬよう」。私もこれを胸に、70を前にして覚悟を決めたのである。

【今月の懺悔】

相も変わらず金で動かないな、私は。金を持っているヤツに「おもねる」という感覚がまったくない。だからいつも金が足りない。でもいい。今の日本で餓死はしないだろう。「起きて半畳寝て一畳」の志は決して忘れないぞ。

清原和博が薬物で逮捕！　高校野球監督としての復帰を目指すべく計画中　ここでも私が暗躍する！

2016年4月号掲載

覚せい剤取締法違反で逮捕された清原和博と私は6年ほど前だろうか？　不動産会社のE社長の紹介で知り合い、青山通り沿いにある元巨人の選手のバーBでたびたび会っていた。２０１１年10月号の「サイゾー」では対談。同年12月には、清原を日本航空高校野球部の監督に招聘するべく話し合いをした。しかし、この話は決裂。以降、会う機会を失ったが、彼がクラブや風俗店など、あらゆる悪所に出入りしていることは知っていた。

吉原のソープランド「金瓶梅」の事務所には、清原のバット、サイン入りユニホーム、引退試合のグローブとすべて揃っている。写真もある。清原の「銀座の帝王」「ソープの帝王」たる痕跡を見た思いである。

私が会っていた時の清原は、「膝が痛い」と泣き言を言っていたものの、笑顔はPL学園で活躍していた18歳の頃と変わらなかった。一部報道では「巨人時代から覚せい剤を使用していた」と言われているが、本格的に始めたのは、12年以降ではないか。それ以前は、仮に何か薬物を使用していたとしても、膝の〝痛み止め〟の延長線上ではないか。少なくとも私が会った11年の時点ではそうであるはず。あのときの清原は、これまで私が間近に見てきた覚せい剤常習者である清水健太郎、高橋祐也、田代まさし、横浜銀蝿の翔、小向美奈子の表情と明らかに違った。突き抜ける笑顔があった。

私が清原のすべてを許したいと思うのは、あの〝野球少年〟の笑顔をまた見たいからだ。「膝の痛み止めが手放せない」という言葉と「また野球に戻りたい」という彼の言葉を信じたい。

清原が逮捕された翌々日、2016年2月4日、金瓶梅オーナーの紹介で港区三田の某病院に緊急入院している、元横綱・曙を見舞いに行った。原因は、やはり右膝の痛みである。

曙は「膝の痛さはハンパじゃない」と言う。膝下が小錦の太ももほども腫れるのだという。偉丈夫で相当の精神力があり、鎮痛剤を打っていてもなお激痛に顔をゆがめる。スターとして酷使したがゆえの痛み。

松井秀喜も膝の激痛に耐えているという。松井がニューヨークにとどまっているのは、日本では違法の痛み止めが、アメリカでは許されているからかもしれない。合法の痛み止めと非合法の薬物の違いを、私は

「引退したら、膝の痛みは楽になると思ってたのに、引退後のほうがどんどん痛みが増していくんです」。2011年の対談でこう嘆いた清原。その後も変わらぬ痛みからの逃避が、過ちを招いたのか。

スポーツドクターに問いたい。

入院中だった曙と、金瓶梅オーナーと私の3人で一緒に写真を撮った。「私のブログに掲載しては迷惑がかかるだろうか」と曙に問うと、曙は明るい顔で「構わない。横綱の頃遊んだ中で、ここ（金瓶梅）が一番安全だったし」と答えた。

清原が覚せい剤にハマったのは吉原がきっかけだという情報がスポーツ紙に流れ、曙にもよからぬウワサがあるが、曙にはそんな影はこれっぽっちもない。清原も曙も、吉原に出入りしていたのは超健康体の証し。ありあまる体力をソープで発散していただけだ。

日本航空学園の梅沢しげお理事長は、清原の身元引受人になり、彼の子ども2人を学園の寮に入れ、一軒家の職員住宅に元妻の亜希さんも移住してはどうかと、救いの手を差し伸べてくれた。小学校、中学校はそこから通えばいい。今はジュニアリーグで練習して、その後、日本航空高校に進学し、本格的に野球をさせたらどうか。そして、問題がクリアになったら、清原を野球部監督に迎え入れたいという。

清原の社会復帰のケーススタディとなるのは、横浜銀蝿の翔。度重なる覚せい剤での逮捕。出所後、Vシネなどいろいろ着手したがうまくいかず、実兄の嵐は心労が原因で脳梗塞で倒れた。一命は取り留めたが、半身にマヒが残った。それでもリハビリに励み、倒れた翌年、ステージに復活。その姿を見て翔は音楽の道で立ち直った。田代は監督業、清水はやくざの真似事をしているが、本来は自分が才能を開花させたところでもう一回勝負すべきなのだ。

日本航空高校は山梨にある。清原は山梨で監督になり、巨人時代にいじめられた堀内恒夫元監督の母校、甲府商業高校を倒せばいい。堀内は、今はなぜか自民党の参議院議員だ。清原率いるチームが甲府商業に打ち勝てば、山梨の反自民も歓喜するだろう。あるいは姉妹校である日本航空高校石川で監督となり、清原が才能を認めた松井の母校・星稜高校と甲子園出場を懸けてぶつかれば血湧き肉躍るだろう。バックアップは私と日本航空学園がする！

　最後に言うが、高校野球のスーパースターなんて不良少年しかいない。野球選手に人格者なんて誰も求めていない。人生訓を語る野村克也さんのような人を私は好まない。やはり長嶋茂雄のように、語るなら野球の話に終始してほしいと思う。

【今月の懺悔】

4月3日、秋葉原で「萌えクィーンコンテスト」を開催する。今回の特別審査員は、テレビでチャラチャラ秋葉原を語りすぎる森永卓郎は降板させ、リスクを承知でテリー伊藤にお願いした。他にも問題含みのゲストばかりだぞ！

ショーンKはメディアに作られた単なるタレント経歴詐称をキャリアにあの業界に転身しろ！

2016年5月号掲載

九州で、少しハンサムに生まれ、「合いの子みたい」と言われて生きてきた美少年が生きる道は2つ。ひとつは田舎に残ってスケコマシ&ヤクザになる。もうひとつは、東京に出て一旗あげる。ショーンKこと川上伸一郎は、熊本から東京に出る道を選んだ。

北九州市に本部を置く暴力団・工藤会の故・溝下秀男総裁は、イタリア系アメリカ人俳優、アル・パチーノが大好きで、「アル・パチーノのようになりたい」と願い、さまざまな手を尽くして、本当にそっくりな顔になった。思ったら断固としてやりぬく、これが九州人の資質である。

東京に出てきた川上くんは、自分の声が商売になると気づいたのだろう。顔はきれいなほうだが、鼻筋が通っていないことが気になり、少し手を加えて鼻のつけ根を隆起させた。目はアイプチか何かを繰り返してあの目になったのだろう。残念ながら髪の毛は、増毛かかつらを使ったに違いない。美声はボイストレーニングを繰り返して、さらに磨いた。そして、彼はショーンKという別人格になった。まさにアラン・ドロン主演の映画『太陽がいっぱい』の主人公リプリーだ。彼はアラン・ドロンになりたかった。絵に描いたような捏造、その一環が経歴詐称である。

世間のエリートは「彼の話す内容は、ほかのコメンテーターより素晴らしかった」と言う。何を言っているんだ。すべて、タレント的な日和見トーク。『とくダネ!』（フジテレビ系）では保守本道の発言を繰り返し、『報道ステーション』（テレビ朝日系）でリベラルな発言を繰り返す。そして、J-WAVEでは世間一般、真ん中を語った。作られた人格・ショーンKには〝自分〟がまったくない。持っているのは美しい顔と声、この2つだけの、メディアに作られたタレントである。

事実、古舘伊知郎も久米宏も作られた。本当にあいつらがリベラルであるはずもない。小倉智昭だって保守本道ではない。誰もがわかっていることを自分だけが知っているように発言するのは、構成作家などのブレーンがいるからだ。『太陽がいっぱい』で、ラストシーンの後、化けの皮が剥がれた主人公がどうなったのかわからないが、ショーンKは自殺をほのめかしたという報道もある。泣く、「どうやって生きていけばいい」「助けてください」、この3つは女心に訴えるヒモの三原則。今の彼の気持ちを

4月3日、「国民的萌えクィーンコンテスト」を開催。サイゾーからは社長の揖斐を差し置いて、編集長の岩崎が審査員として参戦。ベストコスチューム賞を受賞したかなこちゃんに萌え萌えだった。

代弁すると、「私はラジオ、テレビが求めるシナリオ通りに演じただけ。早く何か新しい役をください」といったところだろう。

ケーススタディが、ひとつだけある。戦争ジャーナリストの山路徹だ。そもそもは硬派をきどった強面のジャーナリストのひとりだったが、大桃美代子と離婚し、不倫騒動のあった麻木久仁子とも離婚。麻木は、今やテレビショッピングでしか見かけない。一方、彼は情報番組やバラエティにも照れながら出て、「不倫は文化」を体現し、離婚ジャーナリストとなり復活を果たした。

ショーンKもお笑いにいけばいい。死に至るような過ちを犯したわけではない。経歴詐称なんて口を拭えばいいのだ。「私は『太陽がいっぱい』のアラン・ドロンにインスパイアされた」と言えばいい。これからは「山路さんにインスパイアされた」として山路的生き方を見習え。ただ問題は、お笑いの世界は競争が激しく短命であること。一気に終わる可能性もある。

顔と声がいいので、Vシネマ俳優の路線もある。Vシネマ界は、清水健太郎のように問題ばかりだし、多作のメーカーにさまざまなウワサがあり、スター不在の時代である。ショーンKならヤクザの役もいけるし、スケコマシの役もいける。Vシネマスターには、学歴もキャリアもいらない。むしろ今回の騒動こそキャリアになる。俳優として、ふるさと九州に錦を飾ってはどうか。

『工藤会今昔物語』を作るとしたら、溝下総裁の役を演じるのはショーンKしかいない。私がプロデューサーとしてカネを集めてもいいぞ。アラン・ドロンではなく、アル・パチーノになれ。

罪は軽い。学歴のことを言い始めたらきりがない。テリー伊藤だって、昔テレビの制作会社ＩＶＳにいた時は東大卒だといっていた。そんなことはどうでもいい話。私なんか虚業家などといわれることもあるが、実体があるほうだ。

ところで、ルポライターの昼間たかしクン。テレビへの進出意欲が強いようだが、物書きに専従しなさい。君の学歴には「東京大学」と輝かしく書かれているが、実際には大学院情報学環教育部という、学位も取得できない、簡単に入れる講座を使ってうまくロンダリングしたな。「高須さん、それは言わないで」と言っていたが、言いました！

【今月の懺悔】

飛鳥新社に移籍した花田紀凱さん。文春、ワックは成功、朝日新聞、宣伝会議は失敗の２勝２敗。次はラストバトルでしょう。しかし、1回くらい社長になって自分の金で勝負してみたら？違和感はあるが、がんばってください。

東京五輪を目指す選手たちよ、今こそ必要なのはうさぎ跳び！
1964年の金メダリストに学べ

2016年12月号掲載

1964年の東京オリンピック。40年に予定されていた1回目は日中戦争のせいで中止になったので、東京では2回目になるはずだった大会。きらめくスターがたくさんいたが、とりわけ3人の金メダリストに力をもらった。重量挙げフェザー級の三宅義信選手、体操の遠藤幸雄選手、そしてレスリングの渡辺長武選手である。3人とも身長は160センチあるかないか。短躯で筋肉モリモリ、猪突猛進型、一本道。小が大を倒す姿が爽快だった。

当時、私は17歳の高校2年生。「高須は渡辺選手の体形に似ている」とよく言われた。66年、中央大学に入学し、同学先輩である彼の姿を学園祭で遠目に見て、確かに私と同じような体つきだと思った記憶がある。

2016年10月7日、新虎通り、いわゆるマッカーサー道路でリオ五輪メダリストらによるパレードを友人と2人で見た。バスの上で旗を持つレスリングの伊調馨の姿に、渡辺を思った。伊調や、同じくレスリングの吉田沙保里はタックルを得意としているが、渡辺は相手を持ち上げてから倒すスタイルで189連勝という記録を打ち立て、「アニマル渡辺」と呼ばれるようになった。当時は国民栄誉賞などないので、彼には何もタイトルがな

い。

くしくもその2後、10月9日、渡辺と出会った。彼が着ていたTシャツには、2020年東京オリンピックの公式エンブレムとうさぎが描かれていた。

「今の日本人に必要なのは、うさぎ跳びと和式便所だ」

渡辺は、日本人から粘り強い二枚腰が失われてしまったと主張する。

うさぎ跳びは膝や腰を痛めるとされ、今のスポーツ医学に反するのかもしれない。だが、一流選手はうさぎ跳びなどしなくても、いずれ膝、腰がダメになる。引退後はグダグダになる覚悟で、うさぎ跳びに励んでみるのもいいかもしれない。

10月21日、私が主催する新宿ロフトプラスワンでのトークイベントに、渡辺がゲスト出演した。持参した金メダルは今も輝いていた。開会式で着た赤いジャケットは、もう体が小さくなってブカブカになっていたが感動した。

189連勝のアニマル渡辺と金メダル。リオ五輪メダリストパレードは素晴らしかったが、1964年のメダリストたちのために1台バスを仕立ててもよかったはず。もっとレジェンドを敬うべきだ。

　56年ぶりの東京オリンピック。4年後、すでに生きていないやつも多いだろう。もう一度、高度成長のスタート台にいたあのときのありようを思い、金メダリストという超人を敬い、彼らの言葉に耳を傾ける必要があるのではないか。

オリンピックについて、ひとつ気になっていることがある。公式記録映画は、誰が撮るのかということだ。64年は市川崑が総監督を務めたが、当時の五輪担当大臣・河野一郎のクレームが入り、後に大会組織委員会の再編集版が作られ、「芸術か記録か」という論争を引き起こした。市川版はカッコいい作品だった。

今、水面下で、2020年の監督は誰か？　としのぎを削っているだろう。北野武か？　できれば、私が仲よくしていた女優の旦那になった園子温がいい。女体の美をよくわかっているはずだからだ。

体力の究極を競うのがオリンピックなら、知力の究極を競うのは、将棋である。引退した武者野勝巳七段はいち早く将棋ソフトを開発した人物。彼はこう言った。「人間の知力は人工知能に勝てない。これを市販して対局することは、次元と位相が違う。棋士とパソコンが戦ってはならない。勝てるはずがないから」。

その武者野七段が開発した将棋ソフトをパクって商売したのが、将棋連盟会長だった故米長邦雄。米長は和解金を支払うことになったが、「ソフトとの対局を続ければ将棋界は終わる」という武者野七段の忠告は振り切り、金儲けのために棋士とソフトの対局を進めた。結果、敗者続出である。映画『ターミネーター』には、地球を破滅させるコンピュータ「スカイネット」が登場する。将棋界にスカイネットを持ち込んだのは米長だ！

対局中にスマホの将棋アプリでカンニングした疑いで糾弾されている三浦弘行九段だが、濡れ衣である。将棋連盟は12月14日から対局室にスマホなど電子機器の持ち込みを禁止するようルールを変えたが、それまでは禁止と明言されていなかった。

三浦は本当に強い。九段になるには、半端な努力では済まない。子どもの時から、武者野七段の後輩として1日10時間、将棋盤に向かっていた。アプリを遊び半分で参考にすることはあるかもしれないが、それによって指し手を決めることはないはず。三浦は、人工知能の台頭を脅威と思う棋士たちのスケープゴートにされたのだ。

体力だけでなく、知力もやがて衰える。三浦はまだ衰える年齢ではない。私は三浦を徹底的にバックアップするつもりだ！

【今月の懺悔】

私は体力、知力とも人並みよりもあると自負しているが、「超人の域」には遠く及ばない。今なんとか持っているのは、気力のおかげ。しかし、これもいつ、衰えるかわからない。気力が続く限り攻めの姿勢で行くぞ！

ＡＳＫＡにのりピーの元夫、繰り返し逮捕される金持ちが更生する方法を教えてやる！

2017年1月号掲載

しれない。

「石の上にも三年」とはよくいったもので、人間の我慢の限界は約１０００日なのかも

２０１６年11月、酒井法子の元夫・高相祐一が危険ドラッグを所持した医薬品医療機器法違反の疑いで、また、ＡＳＫＡが覚せい剤取締法違反の疑いで相次いで逮捕された。高相は、09年に覚せい剤の所持で現行犯逮捕され懲役２年執行猶予４年の判決を受けており、12年にも危険ドラッグ所持で再逮捕され嫌疑不十分で不起訴処分になった。ＡＳＫＡは、14年５月に覚せい剤取締法違反などの容疑で逮捕され、同年懲役３年執行猶予４年の判決を受け、執行猶予中の再逮捕だ。

薬物依存症患者は、逮捕されても必ずといっていいほど再び薬物に手を出す。清水健太郎、田代まさし、高橋祐也、横浜銀蝿の翔らを間近に見てきたが、みな同じ薬物での罪を繰り返している。手を出さないとしたら、完治したのではなく、「やりたいけれども我慢している」というだけ。だが、その気持ちも魔の１０００日前後に揺らぐのだろう。

ＡＳＫＡには余りある才能があった。ＡＳＫＡ（名義は飛鳥涼）が作詞作曲した93年

の楽曲「YAH YAH YAH」、好きか嫌いであれば好きだ。人の気持ちを鼓舞する、いい歌だと思う。今回の逮捕直前には、ブログで新曲を発表すると明かしていた。58歳、才能はすでに枯渇しているはず。おそらく自分の過去のヒット曲を手本にして作ったのだろう。かつて故団鬼六も言った。「高須くん、私にはもう才能がない」。確か死ぬ2年ほど前のことだ。自分の作品を手本に書き続けていると言っていた。

前回の裁判で、ＡＳＫＡが愛人とシャブセックスに溺れていたことが明らかになっても、妻は離婚せずに彼を受け入れた。それは、印税が相当入ることも無関係ではないはずだ。前科があろうがカネを生む人間なら、有象無象も放っておかない。薬物を入手するルートはあまたあるだろう。

田代まさし（上）に横浜銀蝿の翔（下）ほか、複数の薬物依存に苦しむ著名人に寄り添ってきたが、彼らは“犯罪者”ではなく、病人であり弱者だった。それをケアし、許容する社会でありたい。

薬物依存からの更生は難しい。横浜銀蝿の翔が成功したのは、周りの協力があったからだ。11年に新垣結衣が十六茶（アサヒ飲料）のCMで、「ツッパリ High School Rock'n Roll（登校編）」の替え歌を歌って踊った。あれで結構な印税が入ったようだが、カネの管理はすべて兄の嵐が行った。

ちなみに、あの曲が飲料のCMにふさわしいかどうかという問題があるが、かつて自動車のCMでアメリカのバンド・CCRの「雨を見たかい」という曲が使われたことがある。この「雨」はベトナム戦争で投下されたナパーム弾のことだ。そういうバカバカしいことは珍しくない。

嵐と翔は、介護のためもあり母親の近くに住んだ。家族みんなが翔を見守り、徹底的に監視した。さらに、TAKUも含め横浜銀蠅ファミリーによる監視体制もリハビリに役立った。コンサートを行えば、多くの人目にさらされる。カッコよさを保つためには自制しなければならない。そうした地道な積み重ねが功を奏し、薬物依存から脱することができた。

のりピーも意外と更生に成功するかもしれないと思う。中国での人気が再燃し、稼ぐためにもたびたび現地に行っている。日本より薬物に厳しい中国という国家レベルの監視、そのもとで昔からのファンの前でライブを行うということは、相当なプレッシャーになるだろう。更生という、一生続く〝我慢〟が求められるのだ。

薬物依存症リハビリ施設ダルクに入るのもいいが、問題点は貧乏臭く、説教くさいこと。それが理由で避ける著名人も多い。そこで、学校法人・日本航空学園が小野次郎という元警察官僚のバックアップのもと、ある湖の近くに著名人向けの高級更生施設をつくった。ASKAよ、ここに入れ。清原和博もここしかないぞ。

この「グリーンヒルズ」という施設の取材窓口は私が担当している。すでに都内の企業経営者や芸能事務所にパンフレットを送付した。すかさず取材したいと連絡してきたのは

『スッキリ!!』（日本テレビ系）。もしかして誰か身内がクスリをやっているのか？　薬物地獄から抜け出せない金持ちは、ここに入れば完治はできなくとも治療はできるぞ。

ところで、トランプ次期米国大統領について。彼が白人至上主義であることは確かだが、それはアメリカの白人みんなも同じことだろう。口に出すか出さないかの違いというだけである。トランプは最低4年間、世界で最大の権力を謳歌する。17年、面従腹背の象徴ともいえる「おもてなし」時代が終わり、以降はトランプの影響でストレートに腹の中のことをぶちまける時代になるのではないか。世界の価値観が変わる。まさに、トランプをしてても、ポーカーフェイスでいることが許されなくなる社会になるのではないか。

【今月の懺悔】

毛沢東、ホー・チ・ミン、チェ・ゲバラ、カストロ……全共闘だった私が信用していた社会主義者がみんな死んだ。カストロとオバマ大統領は手を握り、トランプはカストロを批判。新しい対立構造にワクワクする。

パクリオバケの加納典明！
嫌われ者を救い出した私を忘れたとは言わせない!!

2017年7月号掲載

写真集業界にオバケが出た。忘却の彼方から加納典明が出たのだ。

ＬｉＬｉＣｏの新しい写真集が5月26日に発売になると知ったのは、その数日前のことだ。しかも過去の写真が再録されているというではないか。版元に確認すると、確かにかつて私がプロデュースし、加納典明が撮影した『前夜』（風雅書房／１９９５年）から28ページも再録しているという。私には一切連絡がなかった。新写真集のタイトルは『絶夜ＬｉＬｉＣｏ写真集』（双葉社）。加納がＬｉＬｉＣｏに声をかけ、昔の写真と撮り下ろしを併せて出版することを提案したらしい。

90年代なかば、加納は業界からまったく相手にされなくなっていた。95年「月刊ＴＨＥＴＥＮＭＥＩ」（竹書房）のエロ表現で逮捕される直前、記者会見を開いて表現の自由やエロに対する思いを熱く語り、徹底的に戦う姿勢を示した。しかし、逮捕されるやいなや、すぐに謝り罰金を払って出てきたのだ。出版社の担当編集者がまだ留置されているにもかかわらず、である。結局、版元だけが最後まで戦った。これには業界全体が呆れ果てたものだ。

そんな状況下で、私はほどなくヘアヌードが終わると感じていた。ここで巻き返しがあってもいいのではないかと考え、思い切って加納を起用した。そして完成したのが、当時無名のＬｉＬｉＣｏの『前夜』である。加納は言った。「高須さんは天使みたいだ」。

このＬｉＬｉＣｏの過去については、彼女が人気者になって以降も、私は一切語らなかった。だが、彼女はヘアヌード写真集を出していたことを自らカムアウトし、当時汚いクラウンで極貧車上生活をしていたことも明かした。

同時期に三原じゅん子のイメージビデオも発売した。ヘアはないが脱いでいる。三原はそれをなかったことにしている。ＬｉＬｉＣｏとえらい違いだ。

私がプロデュースした写真集はいつもその女優にとっての最高傑作となっている。ヘアヌードブームから約四半世紀たっているが、名作はほとんど私が手がけたものと言っても過言ではない。

『前夜』の宣伝用カード。写真集はさほど売れなかったが、撮影時に見せた、北欧の血が流れるLiLiCoのあっけらかんとした様子はほほえましかった。その後、各社から幾度となく再出版しないかと言われたが、私は封印した。

04年、キャスティングやロケ設定など軽くかんだものも含め、『ＨＡＩＲ』（雷韻出版）を制作した。過去に撮られた１０１人の女優のヘアヌードを勝手に再編集した写真集で、ヘアヌード終焉宣言の代わりのつもりだった。だが、著作権、肖像権の問題で蛇蝎のごとく嫌われ、「高須を業界から抹殺しろ」と、誰かに頼まれたやくざまで出てきて、拉致される事態となった。

ヘアが飽きられた今、あとは性器むきだししかない。写真集のエロ表現は、日本は欧米に比べてはるかに遅れている。私が動かなかったせいだ。ヘア解禁まではこじ開けたが、それ以降はタイミングを失った。そこは私の弱点であり、劣化であり老化である。エロ表現はAVに先を越されてしまった。

話を戻すが、写真集は1人で作れるものではない。私はロケ地やスタイリスト、デザイナーにこだわり抜いた。デザイナーの鈴木成一、祖父江慎、ヘアメイクの故・田中宥久子、みんなヘアヌードの現場から上がってきた。カメラマンも同様。「三大巨匠」の荒木経惟、篠山紀信、沢渡朔、「BIG4」の野村誠一、清水清太郎、小沢忠恭、渡辺達生と、無理くり権威付けのネーミングをしたのも私。

『前夜』のロケ地は、浅草の観音温泉に加え、映画好きのLiLiCoに合わせて幕張のホテル ザ・マンハッタン最上階にあるハリウッドスターの写真が飾ってあるバー、そして小淵沢を選び、10日間ほどかけて膨大な量の撮影をした。観音温泉なんて私がいなければそんな撮影は不可能だ。ホテル ザ・マンハッタンも、当時近くに住んでいた私のコネクションがあってのこと。時間もカネも労力もかかっている。一方、新写真集『絶夜』はたった1日で撮影したと関係者から聞いている。

『絶夜』を担当した若い編集者は、『前夜』内の写真流用について、発売元の風雅書房がすでに倒産しているため、加納の了承だけでことを進めたという。加納は、なぜ私に一言断りを入れてこなかったのか。「高須さんは天使みたいだ」という言葉はなんだったのか。

　加納は他人から、エッセンシャルを盗むクセがある。写真が芸術であるとするならば、クリエイターとしての根本の喪失を感じる。彼も75歳、パクり癖と二枚舌は生涯治らないだろう。

　おびえながら出版するようなことがあってはならない。バイキングのように雄々しく自分で人生を切り開いて生きたＬｉＬｉＣＯのことは責めない。だが、加納は断固糾弾する！

【今月の懺悔】
八丈島へ行った。くさやをネタにしたファブリーズのネットCMに地元が反発していたが、最近、発売元のＰ＆Ｇと八丈島観光協会で話がついたようだ。三原じゅん子の胡散臭さに比べれば、くさやの臭さはどうってことない。

ゲス不倫くらいで騒ぐな！
合法的に〝無法〟で生きる地下格闘技を見よ！

2017年10月号掲載

これまで「不道徳」「非常識」「没倫理」の生き方をいいと思ってきた。さらに「破天荒」「破廉恥」が重なった3＋2の人たちをこよなく愛し続けてきた。

しかし、ベッキーに始まり、今井絵理子、山尾志桜里といろいろあるけれど、私にとっては不倫なんてのは、破天荒でもないし破廉恥でもない。むしろ器の小ささを感じるくらいである。

そんな中で私が惹かれたのが、地下格闘技だった。そこにあったのは不道徳、非常識、没倫理＋破天荒、破廉恥の3＋2。社会からはみ出た者がリング上で刹那的に理性を捨てて殴り合いをする、かぶき者が集まっている世界。運営する側も、訳あり、癖ありのものばかり。K－1、PRIDEとテレビで総合格闘技が放映されることが当たり前になった中、久々に非日常を見る思いがした。

この10年、全国津々浦々の地下格闘技団体に噛んでいったが、先日はその流れで熊本に行った。地下格闘技「THE DREAM」の打ち合わせである。にわかに注目を集めているこの大会の仕掛け人が地元の実業家でもある上村達也氏だ。上村氏は言った。

「高須さん、胃がんだったんだって？　私は肝臓がんだった。ステージ4」
私は胃を4分の3切除したあと、抗がん剤治療を断った。彼も少し切除したあと、抗がん剤治療を拒否したという。そしてこう言った。
「365日キャバクラに通った。そしたらがんが消えた」

熊本市の繁華街・銀座通りで記念撮影。私と上村氏を中心に、THE DREAMのメンバーが100人以上揃った。圧倒的なエネルギーに、人間はもちろん、猫一匹近寄ってこなかった。

1年間、キャバクラ三昧で女にうつつをぬかせる財力があったこともすごいが、それでがんを治したとは、普通あまり言うことじゃない。「そんなわけない」と返したが、彼は「治ったんだ」と主張した。

彼の身長は私とちょうど同じくらいの170センチ弱。体重も67〜68キロ。年齢も60代とほぼ同じくらい。先のことはわからないが、子孫を残して生きていく道筋だけはつけているのも一緒。共通点が多い。

今後、私もTHE DREAMに参画するが、打ち合わせの時、上村氏は「これを見て」とTシャツを示した。「TH

ＥＤＲＥＡＭ」とあり、その日の日付が入っている。「高須さんが来るから、特別に１５０枚作った」のだそうだ。

熊本には5代目山口組組長の元側近で現大門会会長のK氏がいる。九州の工藤會の流れもある。私はＫ氏にも工藤會の溝下秀男総裁にもかわいがられた。それを知っての歓迎ぶりなのだろうか？

夜、馬肉で飲み、深夜になると、上村氏の号令で、ＴＨＥＤＲＥＡＭの出場選手や運営スタッフなど１００人以上の輩がＴシャツを着て現れた。70万都市熊本の繁華街ど真ん中・銀座通りと、熊本で一番大きい百貨店・鶴屋前で記念撮影をした。その後、熊本城前に移動したが、深夜で暗くて城が写らないというので、隣の加藤清正公を祀っている加藤神社で撮影した。

それにしても、深夜に１００人以上がワーワー騒いだにもかかわらず、おまわりは全然来なかった。地回りやくざも来ない。半グレおやじが熊本を仕切っているという実感がした。

犯罪ではない、愉快犯でもない、合法の無法、自由な無法、誰にも拘束されない。これが九州の真骨頂だと思った。「地方創生」だなんだかんだいうけれど、それぞれの地域にへんなおやじがいて束ねている、決して枯れていない。私も「毛の商人」「女衒」と罵詈雑言を浴びせられる生き方をしたが、まだ枯れてはいない。

上村氏と会い、これは何かを生み出すという確信に変わった。政令指定都市はおもしろい。今後はそこへ積極的に乗り込んでいく。

『エブリデイキャバクラ――がんよさらば』

出版プロデューサーとして、そんなタイトルで上村氏の本をつくりたいと思った。ＴＨＥ ＤＲＥＡＭ。夢を見ることがいかに大事か。政令指定都市に夢を！

帰京後、１９１０年代にイギリスで婦人参政権を勝ち取ったという内容の映画『未来を花束にして』のＤＶＤを上村氏に贈った。原題「ＳＵＦＦＲＡＧＥＴＴＥ」は、婦人参政権論者のことを言うらしい。暴力ではなく抗う。無法の自由の瞬間だ。

それにしても、東京のおやじは加齢臭、尿もれ臭がする。消臭スプレーでは隠しきれない。おそらくスーツのズボンに染み込んでいるのだろう。団塊世代よ、スーツはやめて毎日洗えるＧパンかチノパンをはけ。

格闘技では、ＫＯなどで失禁することはしょっちゅう。そんなものは汗とジャージャー水をかけたらごまかせる。リングの上は尿はあっても加齢臭はしないのだ！

【今月の懺悔】

1960年代、当時のアイドル・本間千代子はアンネナプキンのCMに出て、男性ファンが一気に引いた。そういう時代だった。今は女優やアイドルが生理用品のCMに出るのは当たり前。悪いとは言わないが、隔世の感があるな。

第三章

日本、そして ジャーナリズム

鳥越俊太郎に安倍晋三、インチキなジジイたちがはびこるこの日本に、若い「鵺」はいないのか！

2014年1月号掲載

身もふたもない時代だ。原発問題をはじめ、何事も縦のものを横に、左のものを右に持っていくだけで、解決しようがない状況が続いている。

このような時代のキーワードとして、「鵺（ぬえ）」という言葉にたどり着いた。ＮＨＫ大河ドラマ『八重の桜』の主人公・新島八重は、和洋折衷の服が「鵺のようだ」と評された。鵺とは、猿の頭、狸の胴、蛇の尾、虎の手足、トラツグミの声を持つ怪獣。転じて、既成概念にとらわれない、つかみどころがない人物を指す。今はそんな鵺がいない。

鵺の中にもプラスの鵺とマイナスの鵺がいる。プラスの鵺の最高峰は、新渡戸稲造だ。新渡戸は「我、太平洋の橋とならん」という名言を残し、国際性に富んでいた。

「亜細亜はいつなり（ひとつなり）」という言葉を残した岡倉天心もまた、鵺である。和服に中国の道服をまとったような格好をし、日本画に西洋画法を取り入れた作風は「朦朧体」と呼ばれ、当時は酷評されたが、アジアとしての日本の覚醒を目指し尽力した。英語を自在に操り、ロンドンで『東洋の理想』『日本の目覚め』、ニューヨークで『ＴＨＥ ＢＯＯＫ ＯＦ ＴＥＡ』を出版している。このように、アジアをベースに文化をミキサーにかけたような人物が、現代には見当たらない。

田中正造も鵺だ。北関東をさすらい、しまいには国会議員を辞職し、足尾銅山鉱毒事件について明治天皇に直訴した。生涯、市井の人、市民運動家として活動した。

新渡戸稲造、岡倉天心、田中正造。3人を合わせたような現代の鵺はいるだろうか。山本太郎か。あいつは「刃物が届いた、銃弾が届いた」と騒いでいるが、自作自演じゃないかと思わせるものがある。

フクシマの危機は一刻を争うものとなっている。太平洋に流して薄めるしか手だてがない。廃炉には100年かかるという。この先四半世紀も生きられないジジイたちがあれこれ論じるなんておかしなことだ。どうせ死ぬからと思っているから無責任なことを言う。安倍晋三も平気で「大丈夫」と言った。日本総詐欺集団である。

ひとつのメルクマールとして2020年の東京五輪がある。今の危機には触れず、先のことを語ってごまかすのは、詐欺師のやり方だ。五輪のメーンスタジアムとなる国立競技場改築

大盛り上がりを見せた、メイドNo.1を決める2014年1月の「萌えクイーンコンテスト」。主催者都合で2015年の開催はなくなったが、ならば私が主催者となり、ロフト・プラスワンで熟女も風俗嬢もごった煮でコンテストを実施する。

は、当初の計画よりも延べ床面積を約25％縮小するという。詐欺集団は平気で嘘をつく。開催決定後に計画変更するのもお手のものだ。

さらに、ＩＯＣ（国際オリンピック委員会）会長が、東京五輪の実施競技について「個人的には柔軟性を持っていいと思う」と発言すると、メディアは「野球とソフトボール復活の可能性を示唆」と大げさに報道。会長の単なるリップサービスを、期待を持たせるように伝えた。

もっとインチキっぽいのは、特定秘密保護法反対集会に鳥越俊太郎が堂々と出ていたこと。肩こりが治るという寝具のＣＭに「愛用してます」と嬉々として出演し、一企業の営利に加担しているタレントが、ワーワー言う。「出版人のアピール」の会見に出てきた「創」の篠田（博之）さんやジャーナリストの元木（昌彦）さんは、少なくともＣＭには出ていないぞ。鳥越、いつまで生きるんだ。がんで手術だ、転移だと大騒ぎしてからもうすぐ10年になるぞ。

秘密保護法も身もふたもない話だ。ようやく反対を表明する人が出てきたが、それが前述の篠田、元木や田原総一朗、大谷昭宏ら、団塊以上のジジイが中心。〝終わっている人たち〟が意見してもしょうがない。ジジイは黒子に回り、若い表現者に意見を言わせろ。

秘密保護法は、間違いなく平成の治安維持法だ。それを公明党までもが推進した。創価学会の前身をつくった牧口常三郎は治安維持法で逮捕され、獄死しているというのに。あの人は鵺だった。だから私は、宗教の中でもまだ創価は信用していたのに。結局、国会にすら日本一の詐欺師・安倍晋三をはじめとして、マイナスの鵺がはびこり、堂々と嘘をついている。怪しげなものの、曖昧なものは一刀両断され、斬り捨てられ、突出した人間がいない。

これまで、私は「サイゾー」で、鵺たちと対談してきた。鈴木宗男、団鬼六、前田日明、堀江貴文、清原和博……みんな時代を超越した鵺だ。しかし、突出した人間は必ず叩かれたりパクられたり牙を抜かれたりする。宗男もホリエモンもパクられた。清原は八重歯抜かれた。今、誰と対談したいのかと問われたら、誰もいない。悔しい。若者から鵺が出てほしい。ひとりぼっちで立ち上がって、踏まれても戦っているやつよ、出てこい。

【今月の懺悔】

実行委員長を務めてきた「萌えクイーンコンテスト」が諸般の事情により継続不能に。力及ばずで、ざんぎの念に堪えない。そこで2015年3月3日の桃の節句に、萌え・熟女・風俗嬢の3大女祭りを強行開催決定！

やしきたかじんは、私に嫉妬していた……
バーニング化した情報番組に未来はない

2014年3月号掲

10年以上前、読売テレビの情報番組『あさリラ！』に3年ほど、週1回レギュラー出演していた。毎回新幹線の始発で通っていた。6時半ごろ東京駅を出発し、9時ごろ新大阪に着いた。毎週そのスケジュールはキツかったが、MCの村上順子アナが美人だったこと、自分の宣伝になると思ったことから「交通費だけでいい」とノーギャラで引き受けた。当時、東京のワイドショーに嫌気が差していたことも出演を決めた大きな理由だ。事務所の顔色ばかりうかがい、須藤甚一郎、石川敏男ら〝物言う〟芸能レポーターの排除が始まっていたからだ。

石川は、「高須さん、大阪なら好きなことが言えますよ」と言った。私の毒舌が受けたのだろう、出演から1年ほどたつと、新大阪の駅に「高須待ち」のおじさんおばさんが20人くらい集まるようになった。お菓子などくれて、けっこう人気があった。それを見たやしきたかじんが私を番組に呼んだ。『たかじんONE MAN』と『たかじんのそこまで言って委員会』に合計5回ほど出た。

初めてたかじんの番組に出たときは衝撃的だった。スタジオに入ると関西の芸人らが座って待っている。「いつ始まるんだろう？」と思っていたら、たかじんが現れ、いきなり始まった。「スタート！」の声はない。「これ始まったの？」と私。誰も答えない。いきなり始める、これがたかじんのスタイルだった。唖然としたまま50分間。早口、大声、大阪弁で何を言っているかわからない。その話術に聞き惚れた。

しかし、2回目の出演時に、「こいつより私のほうが頭がキレる」と感じた。3回目から「圧倒的に私のほうが面白い」と確信した。事実、私が出ると視聴率が上がった。

たかじんの芸能の裏ネタは、ステレオタイプだ。ほかの番組やスポーツ紙、週刊誌の延長線でしかなかった。私は当時、藤田朋子、林葉直子、天地真理、三浦和義、野村沙知代……あらゆるスキャンダルを背負っていたのでリアル感があった。話し方も、たかじんはストレート。私のような言葉遊びやのどに小骨が刺さるような言い回しを嫌がった。

だから、たかじんは、私の才能に嫉妬していた。後日、読売のプロデューサーに聞くと、本当は私をもっと呼びたかったが、たかじんが嫉妬するので、代わりに顔が似ている勝谷誠彦を呼んだと言っていた。勝谷は読売系に行けば右寄りな発言をし、朝日系に行けばリベラルな発言をする、内股膏薬の最たる人間だ。たかじんとうまくいくはずがないのに。

弁護士時代からたかじんの番組に出演していた橋下徹も内股膏薬。橋下はたかじん人気を利用した。たかじんの盟友とされる辛坊治

この連載コラムや対談など、7年分のテキストをまとめた『全部摘出［ゼンテキ］』（展望社）が出版されたぞ。

郎は、リベラルなのに右翼。たかじんは橋下の政治力と辛坊のメディア力に寄り添い、彼らは三位一体となり、東京の力のあるコメンテーターを排除していった。その右代表が私だった。

たがじんたちは、大阪というタコ壷から首を出して、やたらめったらに鉄砲を撃っていただけ。届くのは関西のみ。たかじんの歌は認めるが、全国区の発信力は全くない。

東京のワイドショーから外された井上公造は、有名俳優を数多く抱える芸能プロのバックアップのもと大阪に行き、バーニングプロダクションとも結びついた。そこで、宮根誠司を巻き込み、さらに羽鳥慎一もくっつけた。たかじんはバーニングとけんかしたが、宮根を通じて折り合いをつけたとみられる。羽鳥は離婚に関して女性問題もあったようだが、そこでもバーニングに世話になった。

結果として、井上の出ている『スッキリ!!』(日本テレビ系)、羽鳥の『モーニングバード!』(テレビ朝日系)、宮根の『ミヤネ屋』(読売テレビ系)は、バーニングほか、大手芸能プロ傘下にある。ガチな芸能報道はできない。

鳥越俊太郎は、テレ朝の『スーパーモーニング』終了時に、ブログで「残り組では東ちづるはホリプロ行政物件、松尾貴史は古舘プロ物件、長嶋一茂は長嶋茂雄物件、吉永みち子はテレ朝トップ物件(らしい)ということを解説されて、ふーん」など、自分が『モーニングバード!』に残れないことへの恨み節を書いたが、おまえは死にそうだからどうしようもない。

今、芸能的にはリベラルな情報番組といえば、大嫌いな小倉のやっている『とくダネ!』

（フジテレビ系）だけ。だが、最近カツラの手入れが悪い。小倉よ、いいことを言ってるのだから、カツラを取れ。

反バーニング発言で芸能界を追われた北野誠のほうが、たかじんよりよほど才能がある。情報番組は、芸能リベラル派の北野を出せ。宮根よりはるかに面白いぞ。

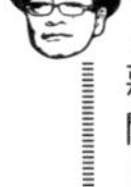

【今月の懺悔】
悪いけど、「サンデー毎日」（毎日新聞社）は嫌いな山田美保子が連載している限り読みません。「AERA」（朝日新聞出版）は、したり顔の芸能ライター・松本佳子の連載がなくなったので、最近は読んでます。

不正入学、癒着、改ざん、慶応大学医学部のインチキを実名ですべて暴く！

2014年8月号掲載

男は目、歯、まらから老いるということは前回書いたが、私はこれまで歯医者が年に1回くらい、痛風の薬をもらいにいくのが年に2回くらい。40代で胃の3分の1を取ってから、ほとんど病院のお世話になったことはなかった。

そんな私が、ここへきて2泊3日で検査入院をし、白内障手術を受けるなど、急に病院を身近に感じるようになった。偶然にも、そこへ慶應大学病院の知人が、慶應大学病院および慶應大学医学部のとんでもない実態を問わず語りで語りだした。

慶應大学は、幼稚舎から始まってどこか仰ぎ見る存在だった。とりわけ医学部は、人の命を預かるところ。政治やエンターテインメントの世界のようなインチキはないだろう、モラルはあるだろうと思っていた。ところが、とんでもない。内情はグチャグチャ。縁故や裏口など不正入学はもちろん、癒着、改ざん、学歴ロンダリングが横行。博士号やカルテなど絶対的なものと思っていたものが、曖昧で相対的なものであることがわかった。魑魅魍魎、真っ赤な嘘が堂々とまかり通る裏街道。医学というより金儲けの世界。耳を疑うようなことばかりだ。

これらの問題を親しい週刊誌などに「掲載しないか」と頼んだ。しかし、訴えられることが怖いのか、どこも手を出さなかった。ネタ元も逃げた。世の中「自由にものを言ってはいけない状況」になってきている。そんなジャーナリズムの流れに危機感を感じた。

かつて「週刊現代」の編集長を務めた加藤晴之はスクープを飛ばし数多くの名誉毀損裁判を抱え、当時、社内で「人でなし」「会社をつぶす気か」と非難されたが、今は百田尚樹を当てて加藤天皇となった。加藤は勇気を与えた。右だろうと左だろうと、イデオロギーは関係なく、言いたいことを言う。恐れない、おびえない。名誉毀損で死刑にはならない。だから、私は腹を決めた。

毎日こつこつ400字詰め原稿用紙1枚くらいのペースで約1年間書き続けた。ある医療ジャーナリストに見せたところ、「こんなに鋭く医学部の裏側をえぐったものはない」と評した。それが、7月20日に出版する『慶應医学部の闇　福澤諭吉が泣いている』（展望社）である。

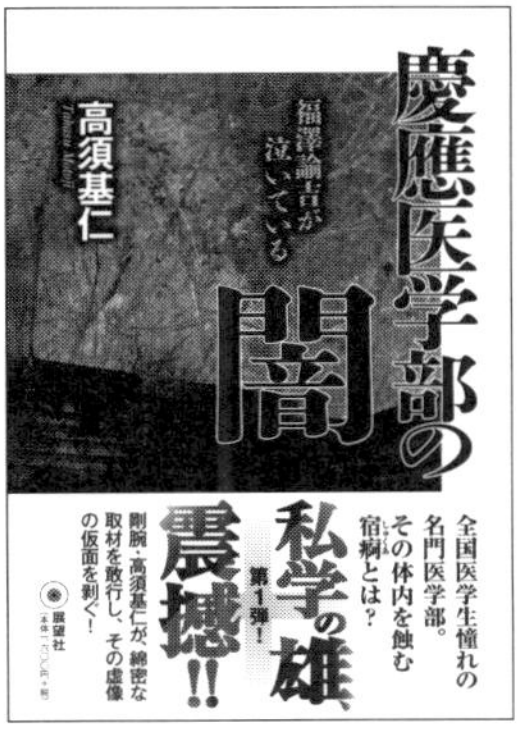

腐敗した巨大病院の内幕を書いた拙著『慶應医学部の闇』。当初は『黒い虚塔』というタイトルも考えていたが、すでに同名作品があった。今考えると、パロディ本ぽいから、つけなくてよかった。

22の問題点を22章に分け、全220ページにわたり、すべて実名で告発している！

安倍晋三総理の潰瘍性大腸炎は、慶應大学病院が治療した。劇的な治療の効果が見られたが、その副作用なのか、第二次政権になって口がすべり、声のトーンが高くなり、インチキ臭さが増した。創価学会の池田大作名誉会長も、慶應大学病院で治療していると聞いている。池田氏は戦争反対を信条としているが、集団的自衛権の議論が沸く中、表に顔を出さなくなった。今の政権与党の2大巨頭の生殺与奪権を慶應大学病院が握っているのである。

福澤諭吉は「天は人の上に人を造らず人の下に人を造らず」という言葉を残した。平等の思想は、慶應に綿々と生きていたはずだ。幼稚舎出身のやつは鼻持ちならないとよく言われるが、実際付き合う中で私はあまり差別区別を感じたことがない。ところが、福澤諭吉の建学の精神を医学部は逸脱し、やりたい放題となっている。

名誉毀損で訴えられるのは覚悟の上だ。今の政権を担う重鎮2人の命を預かる病院として、自浄作用を発揮してほしいと願いを込めて世に問う!

出版業を始めて20余年。さまざまな本を出版してきたが、基本的には雑誌等での連載をまとめたものがほとんどである。小説『散骨』も「小説宝石」(いずれも光文社)で発表した短編をまとめたもの。私のファンは連載をよく読んでくれているので、改めて単行本を出しても数字的にはさほど伸びない。それでも出すのは、カタルシスの側面が大きい。よく売れたのは、09年に出した『国粋ニッポン闘議』(春日出版)。これは対談語り下ろし。田母神俊雄や故東條由布子ら右翼の論客に俺がひとりきりで立ち向かった結果、かなりの部数が出た。

この連載をまとめた本も、vol・1として『私は貝になりたい』(モッツ出版)、vol・2として『全部摘出　ゼンテキ』(展望社)が出版された。この『慶應医学部の闇』

は、書き下ろしノンフィクションだが、『私は貝になりたい』ｖｏｌ・３という位置づけである。

中国明代の洪自誠に「人の小過を責めず　人の隠私を発（あば）かず人の旧悪を念（おも）わず」という名言があるが、私は「人の小過を責め！　人の隠私を暴く！　人の旧悪を想い続ける！」２０１４年下半期は、この３つのテーマをもってやっていく。これを名誉毀損というなら、言え！

【今月の懺悔】

3月19日に亡くなった、イラストレーター・安西水丸のお別れの会に所用があり参列できなかった。安西は、私のデビュー作を含む計3作品の書籍の表紙イラストを書いてくれた。ありがとう。改めてお別れに参ります。

人質事件は、安倍が藪をつついたせい！プロンプターを読むだけのロボット安倍を糾弾する！

2015年3月号掲載

1993年に山本リンダがヘアヌード写真集を出版した頃から思っていたが、創価学会は意外とリベラルで開かれているな。三船美佳と高橋ジョージの学会員同士のドロドロを見て、その認識を新たにした。「モラルハラスメント」なんて言葉も飛び出した。創価学会および公明党は、連立を組んでいる自民党よりも自由でおもしろいな。

さて、不自由なのは自民党である。2015年1月17日、安倍はエジプトのカイロで「IS（イスラム国）と戦う周辺各国に2億ドル（約235億円）程度の支援を約束する」と演説した。それがイスラム国を刺激したことは間違いない。安倍晋三が憲法第九条を甘く見た結果、日本人2人の命が奪われた。にもかかわらず、安倍はさらに「テロリストに罪を償わせる」と宣戦布告のような発言をしている。藪をつついてヘビを出したのは安倍自身なのに、その事実をテレビを中心とする大手メディアではほとんど指摘しない。

2億ドルについて、安倍は後から「非軍事の人道支援」と言っているが、カネにラベルは付けようがない。

出してしまえば、どこに使われるかわからない。

小沢一郎だけが「集団的自衛権の事実的行使」と批判したが、その小沢は、テレビにはほとんどキャストされない。

91年の湾岸戦争時は、130億ドルを出したが、「カネだけ出して人を出さない」と参戦国から批判され、クウェート政府の感謝広告には日本の名はなかった。だが、実際は「後方支援」と言いながら戦争に加担していたわけであり、許されない行為である。ただし、当時の総理大臣・海部俊樹が安倍よりマシなのは、少なくてもイヤイヤ払っていたことだ。一方、安倍はわざわざ紛争地域まで出向いて、喜々として払うことを約束した。

しかも、タイミングもひどい。カイロでの演説は、阪神・淡路大震災の日である。天皇陛下は兵庫・神戸市で行われた追悼式典に出席した。なぜ安倍は被災地へ行かなかったのか。しかもなぜグレーのスーツ姿だったのか。被災地を思えば、黒を着るべきだろう。

安倍には、人に寄り添うような温かい気持ちが感じられない。冷たい。私には人非人に見える。

この人質殺害事件でもうひとつ驚いたことは、なんとかシンクタンク、教授と、次から次へと戦争に詳しい人たちがテレビに出

安倍の底の浅さを露呈しているのがプロンプター。ここに映し出される原稿は誰が書いているのか?「陰の宰相」ともいわれる切れ者、官房長官の菅義偉ではないかと、私はにらんでいる。

てきたこと。言っていることは　推理小説の域を出てない。裏目読みの裏目読み。日本人は推理小説とミステリードラマが好きだから、こういう安っぽいコメンテーターが歓迎されるんだろうな。

「泰平の眠りを覚ます上喜撰 たつた四杯で夜も眠れず」という狂歌がある。黒船来航に、「蒸気船」と「上喜撰（緑茶）」をかけて、国が騒いで眠れないと詠んだものだ。2人の命をめぐって夜も眠れないほど興奮していた中東専門家がたくさんいた。その人々は誰も「人道支援は紛争が終わってから、少なくても人質の安全を確保してからすべき。今やることではない」と言わなかった。おかしなことだ。

安倍は人質事件で発言するにあたり、ここでもプロンプター（原稿を映す装置）を使っていた。睥睨するように顔を右に左にしながら、立て板に水のごとくしゃべっていたが、単に左右に置いたプロンプターの原稿を読んでいただけ。テレビでは装置が映らないようにお達しがあったのだろう。ニュース映像を見ると、すべて記憶して話しているように見える。

細川護熙元総理が日本で初めてプロンプターを導入したときは、叩かれていた。なぜ安倍は批判されないのか。安倍は原稿がなければ、つっかえるか、すぐキレる。即興で答えなくてはいけない国会答弁のひどさを見れば明らかだ。

細川、森喜朗、麻生太郎……プロンプターを導入した首相は早期退陣するという都市伝説がある。当たり前だ。プロンプターは、要するにカンペだ。他人が書いたものをあたかも自分が書いたように見せかけ、さらにすべて記憶しているように装うのはいけない。言葉のハリボテだ。そのうち安倍のために、原稿が映るメガネが開発されるかもしれない。

人質事件を通して、会見でも囲み取材でも、一言一句同じ言葉を繰り返すばかりだった安倍。まるで戦争をしようとしているやつらのロボットのようだ。

最後に野党に言いたい。「アベノミクス」は安倍政権が掲げるキャッチフレーズである。野党までもが「アベノミクス」と言うのは、敵に塩を送るどころか一丸となって安倍をＰＲしていることと同じだ。はじめから負け戦と思っているから、恥ずかしげもなくそんなことができるのだ。これからは「第三次安倍内閣の経済政策の問題点」と言え！

【今月の懺悔】

1970年代のドラマ『傷だらけの天使』に出ていたアイドル女優のホーン・ユキ。30代前半で芸能界を引退したが、1月28日、銀座「まじかな」で復活ライブが行われた。どことなく元妻のYさんに似ていてドキッとしてしまった。

国境の島の天気予報、言い出しっぺは私だ！巨大空母をつくり、戦争へ向かう国を憂う

2015年5月号掲載

尖閣諸島と沖ノ鳥島、竹島、北方四島の天気予報を出せ！」と私は「サイゾー」や「夕刊フジ」の連載コラムで書いた。右翼である日本青年社の元副会長の滑川裕二さんや一水会代表の木村三浩さんも「とてもいいアイデアだ」と賛同してくれた。もう1年以上前の話である。それが2015年3月6日の閣議で、尖閣諸島、竹島、北方四島での天気予報の検討を行うことに決定したという。日本の領土であるとの認識を深めるために必要だと、自民党などから指摘が出たそうだ。私は出たがり屋なのでここではっきり言っておく。言い出しっぺは私だ！

かつて尖閣諸島に行ったとき、石垣島までの往路はJAL、復路はANAに乗った。JALの機内誌の航空図には、尖閣諸島が載っておらず、ANAには載っていた。「JALはおかしい！」と『サンデージャポン』（TBS系）で指摘したところ、翌月からJALも掲載するようになった。国土に対する私の提案は、すでに2つ通っているのである。

この連載は約15年、夕刊フジも約20年になろうとしている。

連載が長期続く中で、若いやつらが私の言葉にインスパイアされるのは構わない。だが、

「水を飲むときに井戸を掘った人を忘れるな」という故事成語があるように、先駆者をリスペクトしない時代はダメだ！

そんなことを思っているさなか、3月27日、約2万トンクラス、戦後最大規模となる海上自衛隊の航空母艦「いずも」が就役したと報じられた。政府は「新型ヘリコプター搭載護衛艦」と言っているが、一部報道ではF-35B戦闘機も搭載可能といわれ、どう考えても空母。相当の戦闘能力が見込まれる。しかし、日本のメディアはこの件をサラッと報じるだけで誰も批判しない。当然、中国は文句を言っているが、そのことすら報じない。

今の安全保障は相も変わらず、アメリカ一辺倒。率先して空母をつくり、国境に配備するつもりなのだろう。それで、普天間問題の解決を図っているつもりなのかもしれない。

護衛艦「いずも」に対しての中国の警戒心は強い。「攻撃型空母とは『紙一重』」「日中の潜在的対抗に影響を与える」と報じる中国メディアもあり、今後、尖閣問題以上の摩擦を生む可能性もある。

中曽根康弘は首相時代に「日本は不沈空母だ」と発言したが、本当に空母をつくったということは、戦争状態に突入していると言っても過言ではない。

近々、選挙権は18歳から得られることになるだろう。今の18歳から20歳は、おそらく戦争に抵抗がないのではないか。憲法なんてどうでもいい、そこに雇用が生まれればいい、そう思っている青年は少なくないように思う。かつてアメリカはベトナム戦争時、インテリゲンチャは戦争反対を叫んだが、プアホワイトは金を貯め、大学に行くために軍隊に入った。今の日本も同様。希望は戦争、軍隊。そんな時代になっているように感じる。

もうひとつ、安倍は解決できない問題を抱えている。フクシマである。汚染水はすべて海へ流すしか解決の道はない。湾岸戦争時、油にまみれた水鳥の映像に衝撃を受けた人も多いが、すぐにきれいになった。海の力はすごい。おそらく安倍は、台風の時季に乗じて汚染水を全部流すつもりなのだろう。

そんな安倍を見ていると、まるで特攻隊のような片道飛行。それは、彼に子どもがおらず、子孫に遺恨を残す心配がないからと思えてしまう。だから、アナーキーになれるのだ。東條英機は、東條由布子という遺恨を残した。小泉純一郎が最後腰を引いたのは、長男がタレントに、次男が議員になったから。みんな世継ぎを意識してつぶれる中、〝末代〟がない安倍は強いぞ。

キャスターも同様だ。田原総一朗は、死別した妻と娘のことばかり。鳥越俊太郎は、病気のことばかり。毎日新聞の岸井成格は、口をひん曲げてオウム返しをするばかり。はっきりした主張を持っているのは『サンデーモーニング』（TBS系）の関口宏だけ。息子がいるにもかかわらず、笑いながらも、ズバッと言っている。さらに、あの番組では、野球バカの張本勲を使って、長々とスポーツ情報を垂れ流しているところもいい。戦争になったらいちばん初めに放送されなくなるのは、張本のコーナーである。あのコーナーがある限りは、日本は平和ということである。

4月にいろいろと番組が変わったが、改悪である。安藤優子は、今後バラエティタレントになるだろう。これでいっちょ上がり。朝4時台の女子アナは、揃いも揃って鼻にかけたアイドル声。たぶん〝専門ダクション〟のタレントたちであって、社員ではないから、いさめる局アナがいないのだろう。ここもバーニング系かもしれないが、女子アナの軽薄さは増幅する一方だ。羽鳥慎一も宮根誠司も局を辞めたらバーニング系に入った。局アナのバーニング移籍禁止令を出したほうがいいぞ。

【今月の懺悔】

毎週日曜日午前10時〜USTREAMのモッツチャンネル『サンデー・ジャパン』で言いたい放題。無料です。ブログのアクセス数も伸びた。久田将義クンはお金を取ってやっているらしいけど、私はそんなことはしません。

今の子どもたちは、潜在的なテロリスト⁉ ドローンは、国家揺るがす大問題に発展する！

2015年7月号掲載

私はかつておもちゃのトミーに勤めていた。その立場から、ドローンについて言いたい。

遠隔操縦のおもちゃといえばラジコンである。ラジコンには、比較的安価なトイラジコンと、模型を動かす本格的なタイプがある。後者には、飛行機にオイルを入れてエンジンを回して飛ばすようなものまである。

トイラジコンは、クルマだけでなく、怪獣を動かすなど、いろいろな種類がある。子ども向けのイージーなものなので、模型の精巧さと比べればディテールはまったく違うが、無線で手元のコントローラーから動かすという基本的な仕組みは同じだ。

1980年、任天堂が「ゲーム&ウオッチ」を発売した。それがファミコンにつながり、ゲームが続々と登場し、おもちゃ業界を席巻した。と同時に、大人も子どもも手先の動きが驚異的に進化していった。ゲームとラジコン、モノは違うが、日常的にゲームでボタンやレバーを操作することで、ラジコン操縦の技術も格段に向上した。最近の子どもたちは、本格的なラジコンの世界にいってもすぐにうまく操縦することができるだろう。

そして、ドローンの登場である。ドローンは、いわばラジコン飛行機の進化形だ。安いものからかなり高価なものまでいろいろとあるが、基本はトイラジコンと大差ないおもちゃである。空を飛ぶことは子どもたちの夢であり、ラジコンを操作することは子どもたちにとっての楽しみである。だから、ドローンそのものは国が規制すべきことではないと私は考える。

しかし一方で、子どもたちのコントロール技術は、今の大人の想像の比ではないということをしっかりと認識しておく必要がある。彼らのラジコンの操縦技術は、軍事用無人機のコントロールにつながるレベルだ。

日本が保有する潜在的な軍事力の最たるものが、子どもたちが持っているコントロール技術だと言っても過言ではない。

映画『ダーティハリー5』で、爆弾を積んだラジコンカーが自動車を追ってカーチェイスを繰り広げ、爆破するシーンがあるが、陸海空問わず、ああいうことが現実に誰でも簡単にできるということだ。

現状、ドローンに爆弾を積むことは難しいが、細菌をばらまくことならできるだろう。エボラウイ

当連載の15周年記念トークイベントを2015年6月19日（金）19時〜に、銀座のライブハウス「まじかな」で行った。そのときに行ったソープランドのオーナー・西村寛童氏との対談は、本書の「付録」に収録しているぞ。

ルスをドローンに積んでばらまいたら日本は終わる。もしも90年代にドローンがあったなら、オウム真理教はサリンを上からばらまいたに違いない。

ドローンの技術を応用すれば、隣国に攻めることだって簡単にできる。できるが実行するかどうかは、性善説・性悪説、どちらの見方をするかの問題にすぎない。

これらのことに国家は気づいている。長野市の善光寺でドローンを落下させ、浅草の三社祭でも飛行を予告した15歳の少年が5月に逮捕されたが、少年自身の罪は軽い。だが、拡大解釈と類推解釈をすれば、少年ひとりの問題にとどまらない大きな問題だ。ドローンは国にとっては軍事力にもなるが、権力を脅かすテロリストの武器にもなる。

そこで出てくるのが法的な規制だ。まずは利用環境整備のために専用の周波数を割り当てるだのなんだのと言っているが、そんなことをしたところでいたちごっこになるだけだ。

繰り返し言うが、規制という名のもと、子どもたちの楽しみを奪ってはならない。だが同時に、コントロール技術が養われ、ひいてはそれが潜在的な軍事訓練になっているということを認識しなければならない。

技術があっても悪用しない。悪用し、戦力化しようと思えばいくらでもできるが、それは絶対しない。それが性善説であり、戦力を持つことを禁じた憲法9条の存在価値である。

今、おもちゃの生産工場の多くは中国にある。日本の優れたドローン製造ノウハウは、当然中国の工場へ持ち込まれている。誰でも簡単にテロを起こすことができる技術が、国外へ拡散しているのである。そんな状況下で日本にとって重要なのは、核ミサイルだろうが戦闘機だろうがドローンだろうが、他国や他者を攻撃する行為や戦力を絶対に認めない姿勢である。憲法9条が改悪された時点で、それらはおもちゃから、侵略兵器やテロリズムの武器に変わるだろう。それを許そうとする安倍首相こそ、ドローン悪用の道をつくる張本人といえるのではないか。

やはり、遠隔操作技術を使った最高のおもちゃは、ローター、いわゆる飛びっ子である。ＡＶ監督・サダージ深野の作品に、女の子にファストフード店員の衣装を着せて、「いらっしゃいませ」と接客しているところを遠隔でローターを動かし、ピクピクッとなるのを面白おかしく撮ったものなどがあるが、これこそ平和の証しではないか！

【今月の懺悔】

憲法集会の大江健三郎の演説に3万人が集まったと発表があったが、そうは見えない。今、権力側より反権力のほうがゲタを履かせがち。私のイベントの入場者数も、いつも1・5倍ほどゲタを履かせてきましたが、やめます。

太平洋に橋をかけろ！　国民が萎縮する時代に求められているのは新渡戸稲造的人物だ!!

2015年9月号掲載

２０１５年8月22日午後2時、ＢＳフジでドキュメンタリー番組『新渡戸稲造の台湾～スーツを着たサムライ２０１５～』が放送される。プロデューサーは、岩手めんこいテレビ東京支社の営業マン。彼は広告代理店やスポンサー相手の営業が本職であるにもかかわらず、「今こそ新渡戸稲造」と考え、２０１３年、14年と新渡戸関連の番組を制作してきた。13年の『スーツを着たサムライ～新渡戸稲造『武士道』伝説～』は、東北映像フェアや全国地域映像団体協議会で賞を獲った。2作目の『ジュネーヴの星　～大友啓史が迫る新渡戸稲造の精神～』は、１９２０年代、新渡戸が国際連盟の事務次長を務めていたときの邸宅が、今、フランク・ミュラーの本社になっているということをベースに、国際連盟における新渡戸のかかわりを描いた。

第3弾となる今作は、新渡戸が台湾に渡り、サトウキビ生産、製糖業の近代化の道筋をつけ、台湾の経済発展の礎を築いた経緯を追う。

そこには3つの柱がある。１つ目、日中関係において台湾は大事な位置づけになるということ。２つ目、新渡戸がアメリカ人女性を嫁にもらったということ。ＮＨＫの朝ドラでイギリス人女性を嫁にしたニッカ創業者をモデルにしたドラマを放映していたが、新渡戸のほうがずっと先だ。欧米にコンプレックスを持たず、対等に渡り合った真の国際人である。３つ目、新渡戸が死んだのは、日本が国際連盟脱退の宣言をした直後。以降、日本の軍国主義化が加速していった。晩年、新渡戸は「日本を滅ぼすものは共産党か軍閥である。そのどちらが怖いかといえば軍閥である」と発言している。新渡戸は左翼も右翼もないリベラルな国際性を持つ日本を目指していた。

台湾との親交、製糖業、国際連盟、拓殖大学、東京女子大……新渡戸が残したものはたくさんある。自由で行動的で、差別区別がなく、けれんみも駆け引きもない。日本人にはコンプレックスが数多くある。アメリカに対して、白人に対して、お金持ちに対して、生まれに対して、それら多くのコンプレックスをすべて突破しているのが新渡戸である。

13日のイベントには、城戸裕次や岩手めんこいテレビ工藤哲人プロデューサーがゲスト出演。『新渡戸稲造の台湾〜スーツ着たサムライ2015〜』は8月22日放送だ!（画像は同番組より）

安保法案問題も含め、国民が萎縮せざるを得ない現代日本において、新渡戸的な人間はいるだろうか。世界に進出する者はいるだろう。それぞれみな一芸に秀でているが、新渡戸は一芸どころではなくトータルに秀でている。こんなスーパーマンは、政界にも実業界にも、どこにもいない。いないということが、今の日本の危機的な状況を表していることにほかならない。

戦後70年の今、求められているのは新渡戸的な人物だ。頑なに自分を信じ、ひたすら前へ前へ進み、世界へ飛び出していく人物。新渡戸には、島国根性がなかった。島国根性から脱却するには、勇気が必要だ。新渡戸が著した『武士道』から学び取るべきことはたった一点、勇気である。〝見る前に飛べ〟という感覚が武士道の根本にある。今の日本人は、見る前に考えて、ジャンプをしない。新渡戸はホップ・ステップもなくジャンプする。それがとても大事なことなのだ。

『新渡戸稲造の台湾』のナビゲーターは、俳優・城戸裕次が務めた。彼は『未来戦隊タイムレンジャー』という戦隊もので人気となった。「タイムレンジャー」は時間をジャンプする人。今、37歳。新渡戸が台湾赴任を決意したのも37歳。ふたりはどことなく顔が似ている。

新渡戸の言葉でいちばん力があるのは、「願わくはわれ太平洋の橋とならん」。みんな無理だと思ったかもしれないが、今、海底ケーブルでつながっている。ここまできたら車で太平洋を渡る道ができてもおかしくない。東京から北海道、そこからアリューシャン列島につながり、アラスカまで続く道でもいい。今の日本の技術から考えれば、それができていないほうがおかしい。今こそ新渡戸稲造を夢見るべきだ。

ロシアから樺太へ、そして北海道までシベリア鉄道を延伸する構想を持っていたのは鈴木宗男だが、日韓トンネルを掘ろうという人もいる。各国がつながって車１台で行けるようにする。なぜそれが実現できないのか。

新渡戸がいない今、誰もそういったことを語らない。小松左京がいなくなり、サイエンスフィクションにおいてイメージすることすら萎縮してできない。誰がやれるのかといえば、安倍晋三では無理だろう。新渡戸が生きていたらジャンプする思想でもって実現させただろう。

7月20日、「日本・パラオ国際親善大使プリンセス選考会」が開催された。サイゾー揖斐社長も審査員を務め、楽しんでました。日本とパラオに橋をかけるこの大会。いでよ、新渡戸。誰もいなければ私がなる！　私は新渡戸稲造になりたい。

【今月の懺悔】

8月13日、新宿ロフトプラスワンでイベント「戦後70年。今こそ新渡戸稲造を語る！」を主催した。ロフトでの私のイベントは80回を数える。ひとりぼっちでプロデュースしてきた。これからもひとりでがんばるぞ！

SEALDsの抗議活動に嫉妬している団塊世代よもう役目は終わった、ジジババ捨て山に行け！

2015年11月号掲載

安保法制の抗議活動を続けてきたSEALDsを評価している。私がかつて安保闘争の際、丸太を持って防衛庁に突っ込んだことより、SEALDsの活動のほうがインパクトがある。今回の件でわかったことは、団塊世代は彼らの若さと行動力、ラップ調の抗議といった新奇性に対する生理的な嫌悪と、強烈な嫉妬心を抱いたことだ。SEALDsに対する批判はみな同じ。「あんな一時期の流行だよ、風邪みたいなものだよ」。私も全学連で言われたことだ。

「団塊世代よ、黙れ」と言いたい。おまえらは何もできないじゃないか。役割は完全に終わったのだ。

SEALDsらの音響設備は、すべてロフト代表の平野悠が無償で提供した。だから、あれだけ大音量での活動が可能になった。そうやって若者を応援できる人もいる。しかし、大半のジジイたちは、いくらかのカンパすら持っていかない。

抗議デモは、言葉では言い表せない攻防があったが、時間が来たらパッとやめて、三々五々解散となった。私の学生時代は、大学を封鎖して泊まり込んだものだが、そんなことは一切やらない。これは〝コンビニエンス〟だとか〝プラグマティック〟だとかいう話ではない。団塊世代は攻めることに強烈な思いがあるが、彼らは攻めるのではなく、〝守る〟。感覚のギャップがある。

国会前、ヘルメットをかぶって立っていたのは私だけだった。はっきり言ってバカにされました。それでも20～30人、「高須さんですよね?」と集まってきた。限られた時間の中での、それぞれの戦い。まとまることが目的じゃない。まとまらなくていい。安保法制反対、その一点で合わさっていればいい。終わったら、それぞれの生活に戻り、自分のことも守る。

ジジイたちからは、安保関連法案を会期切れ廃案に持ち込むために、デモ隊は国会突入くらいすべきだとの声もあったが、それを未来ある若者に求めてはダメ。あの闘争の敗北を繰り返すな。

マイクを握っていた青年たちの行く末を考えた。名前を出してメディアに出ていた子は、まず、俗にいう大手には就職できないだろう。かつては玩具業界は同和の世界だった。トミーに入った私は、業界各社に頼み込み、学生運動が原因で就職できないやつらを送り込んだ。今の受け皿は、ＩＴだろうか。

今回の件で、よほど議会制民主主義はやめ、直接民主主義にしたいと思ったが、実際問題、大事なのは選挙である。団塊世代の中には、若い頃「選挙に行くことは恥ずかしい」という意識があり、今も行かないやつがいる。「選挙といっても誰を選ぶのか、いないじゃないか」という意見も聞く。しかし、早計にそんな判断をできるほど、我々は候補者を吟味しているだろうか。例えば、山本太郎に対して、多くが〝山本太郎〟という固定観念を持って見ている。演説をよく聞けば、民主党の半端なやつよりも山本太郎のほうが信頼できる。

そんな中、デモ隊の前で小沢一郎と共産党委員長・志位和夫が握手した。象徴的な出来事だった。一点突破全面展開。一点で共闘して自民党を倒そうという瞬間である。両党合わせて議席は4％ほどしかないが、せめて共倒れはやめようということだろう。

安保法制が通ってすぐ、中国の習近平主席が訪米し、旅客機を300機発注したという。聞くところによると、米国のパイロット養成学校の生徒は、ほとんどが中国人だという。安倍晋三が、足元に気を取られている間に、先を見失ってしまった。安倍の国際感覚は狂っている。

新聞には、団塊世代の左翼たちの嫌な影響力が垣間見える。社説はステロタイプ。論説は比較的柔軟性があり、ギャップがあった。まあ、辛うじて踏みとどまったほうだといえよう。

抗いきれなかったのは、テレビ。リベラルなコメンテーターはほとんど排除された。特に女性の石坂啓、室井佑月、香山リカ。この3人が夏以降、露出が大きく減ったと思う。もっとも残念なのは、室井。彼女の果たしてきた役割は大きい。

とにかく、日本のジジイは、若者に任せるべきである。選挙には定年制を導入したほうがいいのではないか。選挙権年齢が18歳に引き下げられるなら、人生50年、68歳で選挙権も被選挙権も終わりにしろ。そして、68歳以上は、年金をもらって限界集落へ移住してくれ。合法的姨捨山ならぬジジババ捨て山だ。そこでソフホーズでもコルホーズでも、ユートピアを作ればいい。かつて大好きだったフリーセックスをやっていい。若い時の夢だったんじゃないですか？　ジジババが集まると尿漏れの臭いがすごいから、ズボンは毎日洗える素材にすることが移住条件だ！

妬み嫉みばかりで邪魔をして、何もできない年寄りたちよ、引退しろ、望みを捨てろ。高須基仁67歳、私も引き際は誰よりも心得ている。

【今月の懺悔】

川島なお美が逝去。別れた妻と同い年。顔が似ているので、元妻の行く末を心配しています。川島は結婚6年で亡くなった。元妻とは5年目に破綻。あのとき私が死んでいればよかったのかな。いたずらに生きながらえております。

元週刊文春の中村竜太郎よ、その他、出たがり編集者よ、本業そっちのけでジャーナリズムを語るな！

2016年6月号掲載

最近、元「週刊文春」記者の中村竜太郎がチャラチャラとフジテレビの『みんなのニュース』やラジオに出てきて、ジャーナリズムを語っている。お前はただの雑誌記者ではないか。なぜ陰に徹しないのか。社員として組織の中でのし上がっていく苦労を一度も経験せず、フリーの立場で何のリスクもとったことがない人間が、ASKAの覚醒剤事件の内偵捜査のきっかけになった記事を書いたと自慢しているが、あんなの私でも知っていることを書いただけ。契約記者の〝定年〟に引っかかりクビになった今も「元文春記者」という看板で商売をしてセカンドライフを送っている。

中村のウラ側で動いたのは、日刊スポーツの竹村章だ。何度も辛酸をなめ地方にも飛ばされ、ようやく文化部部長代理として戻ってきた。最後は「エロ面で生きたい」と言う。そんな人のいい竹村が、中村をフジテレビに紹介したのだ。

中村は、自分が週刊誌の右代表と錯覚し、各新聞に対峙するステレオタイプの発言を連発している。中村と同じく、昔の肩書を笠に着る元「ナックルズ」編集長の久田将義よりタチが悪い。久田はおちゃらけで出ているが、中村は大真面目に嘘八百を連発する。もっと実力つけろ！

本当に優秀な記者や編集者、編集長はテレビに出たり、チャラチャラしたりしない。誌面で勝負する。

80年代、「週刊文春」がロス疑惑を報じた際、当時の副編集長はテレビに出まくり、タレント気取りで会社を辞めて事業を起こしたが失敗、行方不明になった。以来、文春の編集長はテレビに出ないと決めているのだろう。「週刊ポスト」「週刊現代」も出ない。「週刊朝日」が駄目になったのは元編集長・山口一臣が出すぎたせい。山口はセカンドライフをマラソンに費やし、これが豪腕スクープ編集長の成れの果てかと呆れるばかり。閑職に追いやられても朝日にしがみつくのは、子だくさんだから仕方がないのだろう。「アエラ」の前編集長・浜田敬子は、出るたびどんどん元気がなくなっていった。「新潮45」の

長らく地下格闘技の顔役をしてきたが、今後は地下アイドルビジネスに進出する。イベントを打つだけではなく、アイドルのプロデュースも考えている。そのために、まずは自分でも踊ってみた。

元編集長・中瀬ゆかりは、地上波から露出が減った。「週刊ＳＰＡ！」編集長の金泉俊輔も調子に乗って出ているが、あの雑誌は危ないぞ。

そんな中でも、最もよく出ているのは毎日新聞社。記者から社会部長まで出まくっている。「サンデー毎日」元編集長・山田道子なんてスター気取りだった。給料が安いから、小遣い稼ぎとして会社もテレビ出演を認めているのだろう。『ＮＥＷＳ23』（ＴＢＳ系）に出ていた岸井成格ごときも、リベラルの中心にいるような発言をしているが、ただの出たがり。岸井が毎日新聞の元主筆かと思うとがっかりする。

スタッフが表に出るメディアは「売れていない」と自ら表明しているようなもの。広告費がないので、自ら動く広告塔になって売る。それが社内でのコンセンサスの取り方なのだろう。

そんな軽佻浮薄の番組は、司会がお笑いとジャニーズになり、内容はどんどん、わかりやすくなるのだ。わかりやすいということは、「自明の理」のラインが低下しているということである。

ＮＨＫ『週刊こどもニュース』のキャスターや予備校の先生が日本一のものしりと称賛され、その話をありがたがって聞いている。だからどんどん幼稚になり、いつのまにか、小倉智昭や井ノ原快彦がいちばん面白いとされるようになった。

ただし、井上公造一派らの芸能記者が出るのは仕方がないと思う。彼ら以外は御用レポーターばかりで、芸能マスコミは壊滅状態。井上は、かつて在籍していたサンケイスポーツでは〝井上捏造〟と呼ばれていた。だが現在は、バーニングとは一線を引き、記者を何人か手の中に入れて雇用を生み、生き抜いている点には、反骨のジャーナリズムを感じる。内容は捏造でもいいじゃないか。

梨元勝はテレビから排除されたら、自分でネット放送に乗り出した。私とは主張はまったく違うが、やっていることは似ていたと思う。今となっては梨元が懐かしい。

今まで田原総一朗は老害、鳥越俊太郎は軽いと批判してきたが、羽鳥慎一の台本通りのチャラさに比べたら、はるかによかった。芸人だらけの『スッキリ!!』（日本テレビ系）も勝谷誠彦やテリー伊藤がいた時のほうがよほどよかった。

テリーは、テレビ出演料を自分が代表を務める番組制作会社ロコモーションに入れているという。思い起こせば90年代、私がいろいろと問題含みのときに、「高須はアイビー少年だから」とフォローしてくれた。以来、テリーに情報をかなり入れている。互いにインチキだということは自覚の上。それでよくここまで生きられたなとつくづく思う。

【今月の懺悔】

7月30日に豊洲ＰＩＴで地下アイドルのイベントを主催する。今の地下アイドルの曲は、明るいタッチが多いが、私はもっとアングラ感とエロティシズムを出したい。幼児性愛者も堂々と楽しめる。そんな場にするつもりだ。

エセジャーナリスト鳥越俊太郎が選挙惨敗!このまま葬ってはいけない4つの罪を徹底追求する

2016年9月号掲載

2016年7月31日に行われた都知事選で鳥越俊太郎が惨敗した。鳥越は「住んでよし、働いてよし、学んでよし、環境によし」と4つの公約を掲げたが、そのウラに4つの罪があった。

1つ目は、2016年5月「週刊新潮」が報じたNHKのドキュメンタリー番組での家系図捏造問題。こうなると彼のすべてが疑わしく見える。1989年に、当時の宇野宗佑首相が指3本(30万円)で愛人を囲っていたというスキャンダルは、自分が「サンデー毎日」編集長としてスクープしたと豪語していたが、実に怪しい。毎日新聞社会部のネタだったというのがもっぱらだ。

この件で女性スキャンダルは致命傷だとわかっていたはずなのに、自らの女性スキャンダルが2つ目の罪。かつて岸恵子とフランス人の映画監督イヴ・シャンピの離婚原因は鳥越ではないかというウワサがあった。今回の選挙中には、女子大生への淫行疑惑が報じられた。

3つ目は金銭問題。2005年、鳥越は虎の門病院でがん手術をした際、『スーパーモーニング』（テレビ朝日系）で「手術費は３５００円だった」と堂々コメント。後日「勘違い」と言い訳していたが、手術の一部始終を番組で密着させ、病院の宣伝をすることと引き換えにしたのだろう。反権力であるはずのジャーナリストが、特権で手術を受けたのだ。

４つ目、ジャーナリストとしての仕事をせずに、新聞社の看板を掲げて社内アウトローを気取っていたこと。ワイシャツのボタンを４つも外し、はやりもしないロングヘアをなびかせる鳥越流おしゃれ術は、私に言わせれば「田舎のプレスリー」。阪神大震災の被災

都知事選の前日、横浜銀蝿と仮面女子らアイドルを23組集めて、「WANGAN MUSIC CARNIVAL」を、借金覚悟（踏み倒すけど）で自腹主催。予想を上回る3000人を動員し大成功した

地取材では、ピカピカのアクアスキュータムのトレンチコートを着ていた。たまたま宮崎緑が毛皮を着ていたことのほうが批判され、鳥越の田舎ダンディっぷりはほとんど批判されなかったが、私は宮崎より気になっていた。

カッコつけて目立ちたがり屋だが、記者としての実績は乏しい。朝日新聞の半分ほどの給料でガンガン取材する気骨ある記者を抱えた毎日新聞社内では、「なんだこいつ」という評価だったようだ。

私は終始一貫、このコラムで鳥越の薄っぺらさを批判してきた。2010年、警察ジャーナリストの故・黒木昭雄さんのお別れ会で、鳥越は長野智子と一緒にやってきて「高須さん、和解してよ」と薄ら笑いで握手を求めてきた。その場をやりすごすために応じたが、「ああ、私の批判をそんなに気にしていたのか」と改めて思った。

鳥越は、女性問題が出ていなくとも落選していただろう。政治家に求められるリアルな言葉がまったく出てこないからだ。出馬表明も街頭演説もすべてが曖昧。「何かがあるぞ」と匂わせてばかり。それはすなわち、「行間を読め。わからないやつはバカ」と言っているようなもの。

本来、記者は起承転結、すべて一人働きだ。だが、テレビは起承転までたくさんのスタッフが動き、結で出るだけ。プロセスがわからないから曖昧になる。鳥越は記者魂を忘れ、結で出るだけのタレント。スタッフが作るシナリオがないと切り返せない。その薄っぺらさは同業者からも距離を置かれている。特定秘密保護法に反対し一緒に名を連ねた田原総一朗、大谷昭宏、岸井成格、青木理らは誰か応援に行ったのか？

田舎のプレスリーがアーバンプレスリーのふりをしても、ヨタヨタ歩き、ろれつが回らず、選挙カーの上にも上れない。誰でも「無理だ」と思うだろう。老醜を晒した。厚化粧だろうがなんだろうが、ギラギラした人間でないと政治家は務まらない。

彼が都知事になったら、東京都民をやめて静岡に現住所を移すつもりだった。鳥越にエセリベラリスト、擬似ジャーナリストの限界を見た。

舛添要一前都知事の金銭問題が出る前から、私は「野党は吉永小百合を口説け」と言い続けてきた。民主・共産・生活の、そこそこの人にも言ったが「高須さんが口説いてよ」と言う。この程度である。そのなかで出てきたのが石田純一。出馬をやめたのはスポンサーの違約金の問題が理由だが、はじめから問題含みだと明らかにしている石田が出馬していれば、浮動票が相当入ったと思う。実際、リベラルは「石田のほうがよかった」と言っている。

猪瀬直樹は作家から権力へ、舛添は政治学者から権力へ、鳥越は新聞記者から権力を目指して敗れた。神奈川県知事の黒岩祐治はフジ出身、7月に鹿児島県知事になった三反園 訓はテレ朝出身。まったく評価できない。三反園は原発反対と言っているが、県知事は原発を止められないぞ。私も一時期、掛川市長選を勧められたが、死んでも出ないぞ。

【今月の懺悔】

震災復興マネーで私腹を肥やしていた宮城県石巻市長&石巻市商工会議所会頭を名指しで大告発、糾弾する『病める海のまち・闇』（展望社）を出版。地元新聞社がみんな逃げたネタに切り込みます！

10月21日、国際反戦デーに JR東日本企画仙台支店のポスター拒否事件を糾弾する！

2016年11月号掲載

10月21日は特別な日である。1966年10月21日、日本労働組合総評議会が「ベトナム反戦統一スト」を行い、ジャン＝ポール・サルトルが「世界の労組で初めてのベトナム反戦スト」と讃え、「国際反戦デー」となった。67年同日には、ワシントンD・Cで10万人以上のベトナム戦争反対デモが行われた。

68年同日、学生だった私は丸太を持って防衛庁に突入して逮捕され、人生を左右することになった。獄の中で「平和だからできることは何か」を考え、子ども相手の商売をしようと、おもちゃのトミーに入社した。80年、任天堂から「ゲーム&ウオッチ」が出ると、アナログのおもちゃでは太刀打ちできないと確信。82年、「ぴゅう太」を打ち出し戦いを挑んだが、翌年「ファミリーコンピュータ」が出て完膚無きまでに負けた。

おもちゃ業界で広まっていた「高須のタブー」、それは戦争に関わるものを作らないこと。すなわち、戦車、銃、戦艦など。もともとトミーは、空き缶を利用して作ったB29のおもちゃがヒットして成長したが、私の入社時に社長は言った。

「高須くん、戦争に関わることはやめてくれ。もう、その時代は終わった」

だから戦隊モノなどにも、極力参入しなかった。

その後、胃を半分以上切除し、２年間蟄居した。暗澹たる思いで、平和だからできることと、おもちゃ業界でできなかったことは何か考え、唐突に出版、ヘアヌードのプロデュースに切り替えたのだ。

毎年10月21日に、熟女ＡＶ嬢を対象とする「熟女クイーンコンテスト」を主催し、もう11年目になる。ＡＶ嬢という職業は、平和だからできること。近ごろＡＶ出演強要事件が騒がれているが、若い子においてはいざ知らず、「熟女においては絶対にない」という確信がある。事実、２０１５年熟女クイーンを受賞したＡＶ嬢は、ソープ嬢に転身し、自分の体ひとつで上場企業の部長クラスほどの年収を稼ぎ、大儲けした。

このポスターがどうというより、石巻市長や商工会議所会頭、そして大川小校長の真実に迫る内容をJR側は気にしている可能性もある。ウラで何かの力が跋扈しているとしか思えない!

東日本大震災被災地支援にも力を入れてきた。震災直後の２０１１年5月４日には仙台で地下格闘技大会を開催し、地元の不良８００人を集め、ジョニー大倉に新曲「東北ピープル」を歌わせた。原発事故の影響が凄まじい福島でも、5月15日に大会を開催した。

そして、16年。この5年間の

集大成として、宮城県石巻市における疑惑だらけの再開発事業と復興マネーの行方を鋭く突き、現市長の亀山紘氏と石巻商工会議所会頭を痛烈に批判する『病める海のまち 闇～津波に流された石巻・大川小学校74人の子供たちは哭いている!!』(展望社)を出版した。すでに、毎日新聞で2回、スポーツ報知で1回、河北新報で2回、一面に広告を出し、売れ行きは好調である。

9月下旬、JR仙石線の石巻駅に宣伝ポスター(本書の表紙を拡大したもので、津波に襲われた大川小が写ったものだ)を貼る申請をした。2週間の掲示料3万円でOKが出た。

ところが、である。ポスターの画像データを送ったところ、JR東日本企画仙台支店の担当から電話があり「倫理規定に反し、人に不快感を与える可能性があるため、掲示はできない」と言う。

すぐさま抗議したら、その日の夜、媒体事業部部長代理から電話があり、「掲載OK」と翻った。翌日ポスターを送付。またその翌日、「やはり掲示できない」と連絡があった。当然抗議した。何が倫理的に問題で不快感を与えるのか、本を読んで判断したのか、と。JR東日本企画側は、「このポスターでは破られるかもしれない」と言う。ポスターは、未開封のまま送り返されてきた。

ちなみに石巻には大きな書店が5店ほどあるが全店で扱ってくれている。9月1日の発売から9月末日までで、石巻だけで1850部が完売し、10月に再出荷した。

石巻市立大川小学校では74人の子どもが津波で死亡・行方不明となり、現在、遺族が市と県を相手に損害賠償を求める裁判をしている。本書の中では「児童74人の犠牲は『人災』だ」と言い切っている。遺族全員が訴えているわけではないので、賛否両論出るのは覚悟の上である。だからこそ問うているのだ。それを掲示不可とは、表現の自由に抵触する！

２０１６年10月21日は「熟女クイーンコンテスト」を開催する予定だったが急遽２０１７年３月３日に延期し、新宿ロフトプラスワンで18時から３時間にわたり、このポスター掲示拒否に対する徹底糾弾を行う！

こういうことは「仕方ない」で終わらせてはいけない。66年、日本で講演を行ったサルトルは「自身と係わり合いのないことに差し出口を利く人間であってほしい」といったことを語った。差し出口を利く、私はそういう人生を選んだのだ。

【今月の懺悔】

昔はエロ本を回収する「白ポスト」が駅にあった。ポスター掲示拒否の根底にあるのはこれと同様、「悪書追放」の思想であろう。悪書とはなんだ？ あらゆるものはリミテッドではなく、フルアクセスであるべきだ！

カジノ法施行の何が悪い？ ブラック企業でギャンブラーナイタイ圓山社主を見習え

2017年2月号掲載

２０１６年12月、統合型リゾート整備推進法（カジノ法）が可決された。私はここで賛成・反対を論じるつもりはまったくない。パチンコ、競馬だってこれだけ一般的になっている今のありさまを見たときに、カジノ法がないことのほうがおかしいくらいだと思っている。

「博打が悪い」と一概に言えないのは、それだけではない。故団鬼六は『閑吟集』から「一期は夢よ ただ狂え」という句を引用し、好んで使っていた。人生みな道徳観を逸脱し、その場その場で博打のように生きるもの。そう思わないか？

経営者だってサラリーマンだって会社に自分の生殺与奪権を預けることで博打をしている。うつ病や過労死や自殺、左遷も倒産も博打に負けた結果だといえる。自営業も一人ブラック企業で働いているのと同じこと。誰もがみな日々延々と博打を打ち、自爆の恐れに震える時代なのだ。

カジノ法施行でギャンブル依存症が広がるのではないかと声高に叫ぶ奴もいるが、そういう人は自分が完璧だと思っているのか？ 誰もが何かに依存している。いまさらどんな賭け事をやってもどうってことない。やるならやればいい。

私が知る中で、最大の博打をした人は、風俗情報を得意としていた「ナイトタイムス（ナイタイ）」「ナイタイスポーツ」を発行していたナイタイ出版の圓山和則社主である。09年に同社は社員が第三者破産を申し立て倒産、圓山さんも自己破産したが、思えば彼はいつも一人ブラック企業だった。「今年はボーナスの金が足りない」と言っては、原資1000〜2000万円を持ってラスベガスに行き、調子がよければ儲けた金を社員に支払っていた。負けたらゼロである。

ボートレースが好きで、社主室で毎日競艇を観戦。競艇は日本独自のもの。それを東南アジアに輸出しようと、マレーシア・ペナン島に持っていった。同じく日本独自のオートレースも世界に売り込もうとした。結果、東南アジアのマフィアにだまされ、金を失ったこともある。

大手ブラック企業”電通からのお歳暮は、なぜか米の詰め合わせ。脆弱なエリートの皆さんが米を食って体力をつけるという意思表明か。白米でホワイトになるということか。

また、「ピンクの帝王」とも呼ばれ、テレフォンクラブを作ったのも、ネットで風俗情報を流し始めたのも彼。

角界にロシア勢、モンゴル勢を連れてきたのも、ほとんどが圓山社主の人脈。朝青龍以前の黎明期である。八百長や大麻でお騒がせした若ノ鵬をはじめ、同じく大麻で解雇された露鵬ら北オセチアを中心とした力士たちは、圓山さんが世話をして北の湖親方が間に立ち、各部屋に振り分けた。熱心に力士を連れてくる圓山さんを見て、大相撲とギャンブルの世界は近いのかと思っていたら、大鵬の元義理の息子である貴闘力はギャンブル依存症になった。圓山さんの影響かもしれない。

鈴木宗男が困っているときにバックアップしたのも圓山さんだ。私がポール牧とともに応援演説に行ったのも、そのつながり。宗男が巻き返したのは、圓山さんのロシア人脈のおかげだろう。圓山さんの夢は樺太経由でロシアと日本にパイプラインを結ぶこと。12月にプーチンが来日したが、これは安倍首相との密約の一つとなったのではないかと私は見ている。

圓山さんが築いてきたロシア人脈の一人で、親しくしていたロシアの有力者A氏は、ロシアで失脚後、ロンドンに亡命した。最近、そのA氏が私に電話をかけてきた。

「ミスターマルヤマを探している。携帯がつながらない。どこにいるのか?」

今、圓山さんは行方不明。奥さん、お子さんにも連絡がつかない。A氏は、カジノ法が施行され、このままますべてアメリカに利権を奪われる前に割って入りたい、だから橋頭堡として圓山さんを探しているのだろう。まさに「アイドルを探せ」ならぬ「ギャンブラーを探せ」。圓山さんも、巻き返しが可能かもしれない。カジノ法のウラで、ロシア資本での圓山大復帰劇が起きるかもしれない。

圓山さんを知る人は、今も尊敬の念を込めて「社主」と呼ぶ。大手ジャーナリズムにおいて「社主」といえばナベツネだが、ブラックジャーナリズムで「社主」といったら圓山さんしかいない。

20年以上、ナイタイ主催で続けた風俗嬢のコンテスト「ミスシンデレラ」では、団鬼六が審査委員長、私が副委員長を務めていた。それを引き継ぎ、２００６年からは私が主催で「熟女クイーンコンテスト」を始めた。熟女クイーンには、ミスシンデレラの淫靡でくだらない空気が漂っている。

激動必至の２０１７年、誰もが独りぼっちのブラック企業という覚悟を持つことが、今の時代を生き抜く方法なのではないだろうか。私はそういう思いで生き、圓山さんの復帰を待っている。

【今月の懺悔】

我が故郷・掛川にあった吉田拓郎の聖地「ヤマハリゾートつま恋」が経営不振で営業終了。だが、音楽企画プロデューサーの木下晃氏が掛川でライブハウス「アキクロ」をオープンし拓郎スピリッツを続けるという。楽しみだ。

「東京新聞」の看板背負って会社批判!?
タレント志望の長谷川幸洋は恥を知るべき！

2017年3月号掲載

「東京新聞論説副主幹」という肩書でテレビ出演している長谷川幸洋。『そこまで言って委員会NP』(旧『たかじんのそこまで言って委員会』／読売テレビ系)では、〝リベラルな東京新聞において、保守本道の私はほとんどパージされている〟というようなことを言い、右派団体「日本会議」をベースにした発言を繰り返してきた。

そんなやつが、あろうことかTOKYO MXの『ニュース女子』という番組でMCを務め、やしきたかじんの真似ごとをしている。同番組で横についているのは、私の大嫌いな西川史子女史と勝谷誠彦。勝谷はしどろもどろで、髪は私より真っ白、太った亡霊のよう。とても報道番組とはいえない、インチキの究極だ。

こんなインチキ番組を放送していいのか、と私はMX関係者に何度も電話を入れた。だが、MXは「あれはテレビショッピングと一緒なんです」と言う。すなわち、スポンサーのDHCが番組枠を買い上げ、DHCのCS放送局「DHCシアター」と『そこまで言って委員会』の制作会社ボーイズが制作。MXはパッケージ化された番組を放送しているだけと言いたいようだ。

DHCシアターの社長は超保守の濱田麻記子。かつて国会議員を務めた浜田卓二郎の妻で、1990年には浜田マキ子として夫婦で総選挙に出馬したことがある。この時点で、「これは地上波で放送できるものではない」と思っていたが、案の定大問題が起きた。2017年1月2日放送の同番組で、沖縄県東村高江区の米軍ヘリコプター着陸帯（ヘリパッド）建設の反対運動を取り上げ、「反対派は日当を得ている」などとウソを垂れ流したのである。いくらテレビショッピングだってニセモノを売ることは許されるわけがない。

しかし、MXは1月16日放送の同番組の最後で「様々なメディアの沖縄基地問題をめぐる議論の一環として放送しました。今後とも、様々な立場の方の意見を、公平・公正に取り上げてまいります」と説明したのみで謝罪していない。DHCシアターも1月20日、公式サイトで「言論活動を言論の場ではなく一方的に『デマ』『ヘイト』と断定することは、メディアの言論活動を封殺する、ある種の言論弾圧であると考えます」などと語った。

松方弘樹が亡くなった。かつて松方主演のVシネマ『不退の松葉』に私も出演した。1960年に起きた毎日新聞襲撃事件をモチーフに、新聞社社長役が梨元勝、週刊誌編集長役が私だった。

結局、メディアはスポンサーの悪口を言えない。だから、民放はアメリカの保険会社のCMをバカバカやるようになるのだ。

2月2日付東京新聞と中日新聞は、深田実・論説主幹の名前で「事実に基づかない論評が含まれており到底同意できるものでもありません」「副主幹が出演していたことについては重く受け止め、対処します」と同番組を批判した上で謝罪した。すると、当の長谷川は2月6日放送のラジオ番組で「番組で取り上げた議論と東京新聞の報道姿勢、論評は違いますよ。私自身も違います、東京新聞の主張とは。でもね、違うことを理由に私に対して処分するというのは、はっきり申し上げて言論の自由に対する侵害」「日本のマスコミは自分の会社の姿勢があるとみんな記者がヒラメ状態になっちゃって、それに調子を合わせて発言していく。私ぐらいですよ、会社の路線と全然違うことを言ってきたのは。だからこういうことが許せない」などと、東京新聞を徹底批判した。そこまで言うなら会社を辞めればいいのに「私のほうから辞めるなんてことは、もう500%ありません」とも言い放った。

ウソの垂れ流しと会社叩きのウラにあるもの、それは単に長谷川の64歳の就職活動である。会社の名前とポジションをうまく利用し、第二の鳥越俊太郎になりたがっているのが見え見え。恥ずかしいと思わないのか？　長谷川よ、寄らば大樹の陰というなら、最後までそれで行け。それができないなら、私のように組織から離れろ。肩書を利用しながら獅子身中の虫をやろうとするなど不遜の極み。独りぼっちでやってみろ。テレビタレントへのステップに会社を利用するな！

長谷川が目指している鳥越のインチキぶりについては、私は何年も前から追及してきたが、当時は誰も聞く耳を持たなかった。都知事選に出馬してようやく世間が彼のインチキ、軽さに気付いた状況だ。その鳥越の席が空いているからといって座ろうとする長谷川、恥を知れ！

ついでに言うが、元東京都知事の猪瀬直樹は、今や〝東京都評論家〟。笑ってしまう。時事通信社の田崎史郎は「学生時代に三里塚闘争に参加して逮捕された」と言っているが、それでなぜ時事通信社に就職できたのか。みんなお前なんか見たことがないと言っているぞ。長谷川、鳥越、猪瀬、田崎、シェイムレスな4人衆である。

【今月の懺悔】

「週刊朝日」での連載を叶えてくれた山口、「アサヒ芸能」での連載を叶えてくれた川田、「ブブカ」「実話マッドマックス」での連載を叶えてくれた寺島の元編集長3人がそれぞれ会社を辞めた。みんな独りぼっちで戦おう

支援の志を忘れ、NYで大暴れして醜態を晒した東北大T医師を告発する！

2017年4月号掲載

ニューヨーク在住の友人から告発があった。東北大学病院卒後研修センターのT医師が、酔ってニューヨークの有名レストランで大暴れしたという。

ことの次第は、2016年12月初旬のこと。米国日本人医師会A会長の協力のもと、岩手、宮城、福島の3県から選抜された臨床研修医師12名が1週間にわたる臨床研修に招かれた。この研修は、東日本大震災後、将来の被災地の医師を確保するための手段として、東北大学S総長が発案。年2回開催しているという。

研修医たちは日本での志望科に沿って、現地医師から指導を受けるという。米国の医師免許を持たない日本人医師が臨床現場を見学することは、通常はほぼ不可能。米国日本人医師会会員の力添えあっての研修であり、この研修時間は日本の研修医必修時間に組み込まれることになっているのだそうだ。

ところが、大暴れした問題のT医師は、この研修の引率者なのに、酒に酔い、現地ボランティアの世話役につかみかかるという醜態を見せた。かなりメチャメチャだったようだ。危うく従業員が警察へ通報するところだったが、たまたまレストランのオーナーが主催者の知り合いだったため、事なきを得た。T医師は同席していた若い研修医に押さえつけられホテルへ。告発者は現地ボランティアの一人で「教育者としてあるまじき行動で、恥ずかしい限り」と怒り心頭である。

実は、告発者は、直木賞作家でアメリカ文化研究者である常盤新平の関係者。4年前、常盤氏が亡くなったとき、私は東京・御茶の水のヒルトップホテルで営まれたお別れ会に出席した。マガジンハウス「ダカーポ」の元編集長・永野啓吾から「高須さん、来てくれ。常盤さんは高須さんのこと好きだった」と連絡が入ったのだ。永野は、中央大学の後輩で優秀な編集者。毎日新聞社長の朝比奈豊の娘で群像新人文学賞を受賞した朝比奈あすかのデビュー作の編集担当でもある。

3月3日、21回目を迎えた「熟女クイーンコンテスト」を開催。優勝はアイさん。ボディの熟れ具合に加えて、ステージ上で行われた“電マコーナー”で、見事に潮を吹いたことが決定打だった。

ニューヨークは、かつて外資のミニカー会社社長をしていたときによく行ったということもあり、常盤さんとは話が合った。「高須くんのハチャメチャさはおもしろい。君は42丁目の香りがする」と言われたことがある。混沌としているということだろう。私はずいぶんと常盤さんから薫陶を受けた。

常盤さんは岩手県生まれ、宮城県育ち。常盤家は福島県いわき市で常磐病院という大きな病院を「ときわ会」として営んでおり真剣に医療に取り組んでいる。震災後は、原発事故で避難してきた人工透析患者を積極的に受け入れたほか、幼稚園を買い取り、避難してきた子どもたちを受け入れた。

ニューヨーク在住の常盤さんの関係者はそういった縁もあり、ボランティアで、この研修プロジェクトに関わっているのだろう。

一方で、風化というものは恐ろしい。暴れたT医師も初めは高い志があったのだと思う。ところが、知らず知らずのうちに物見遊山の感覚になり、若手育成や医療に対しての熱意が失われた。その結果がこの暴力沙汰である。

このほかにも、やりたい放題の医者が増えている。千葉大医学部生らの集団強姦、船橋中央病院や慈恵医大の医師および東邦大研修医の集団強姦……医者の倫理観はいったいどうなっているのだ。

どこへいったのか新渡戸稲造。東北大学S総長は、新渡戸の「我、太平洋の橋とならん」という思いで、この研修プロジェクトを発案したはず。今回、T医師はお縄にならずに助かったが、これ以上問題が大きくなる前に、S総長は内部調査をすべきではないか。

2月、またひとり死んだ。映画監督・鈴木清順である。小林旭『関東無宿』(63年)、高橋英樹『けんかえれじい』(66年)、宍戸錠『殺しの烙印』(67年)、沢田研二とショーケン(萩原健一)『カポネ大いに泣く』(85年)……鈴木清順は俳優の真骨頂をつくり残した。80年、『ツィゴイネルワイゼン』で日本アカデミー賞をもらったとき恥ずかしそうだった。90年、紫綬褒章までもらい、さらに恥ずかしそうだった。日活から解雇され蔑まれ干されて生きた人だ。彼は反権力の人であり、権威主義ではなかったはず。事実、ずっとＮＨＫの元アナウンサー・鈴木健二の兄であることを恥じていた。

１９６６年、中央大学映画研究会に入ったとき、私は彼をバックアップした。しかし、紫綬褒章をもらったあたりから、私はまったく相手にしなくなった。「勲章なんかいらない」と辞退してほしかったが、結局体制に飲み込まれた。少し諫めればよかったかなと悔やまれる。

【今月の懺悔】

幸福の科学の広告塔、小川知子はもう68歳。教団は清水富美加を小川の後釜にしたいのだろう。小川がいるから私は幸福の科学を責めない。小川はそのくらいの女優だった。清水では力不足だが、幸せになればいいなと思う。

疑惑の復興マネーで揺れる石巻の市長選。結果次第で〝萌え〟の聖地が作られる⁉

2017年5月号掲載

拙著『病める海のまち・闇』（展望社）で宮城県石巻市の復興マネーの闇を糾弾してきた。本に書いたが、たった15万人ほどの市なのに、復興予算が１００万都市並み。不透明な金銭の流れがある。そんな疑惑を残したまま、２０１７年４月16日、市長選の告示がされ、23日に投開票となる。

選挙には、『病める海のまち・闇』のネタ元の一人である黒須光男市議のほか、阿部和芳氏、青木満里恵氏らが出馬を表明している。私はすべての立候補者を精査し、最終的に黒須氏を推すことに決めた。さっそく４月２日に石巻に赴き、選挙事務所開きというものに初めて立ち会った。

なぜ黒須氏を応援することになったか。彼はかつて石巻選出の県議会議員だった。ところが、談合事件でパクられ、県議会副議長の座を辞すことになった。その後、市議会議員選に当選し、４期務めたという経歴を持つ。団塊世代だ。

一方、現職の亀山紘市長は元石巻専修大学教授。今回出馬する阿部氏は、前回（２０１３年）も出馬して、亀山市長の対抗馬となった。青木氏は、１９７２年から３期市長を務めた青木和夫氏の長女。

ことごとくみんな、毛並みがいいのである。その中で黒須氏は最もやりたい放題、言いたい放題。じゃじゃ馬、破天荒。石巻は漁業の町だ。港の海底のヘドロを吸い上げて取り除く浚渫船が集まることでも知られる。その石巻に最も似合う人は誰かといえば、黒須氏しかいない。現段階の世論調査では、苦戦必至の様相だが、私はこういう人物こそ市長になるべきだと思っている。

もし当選してくれたら、ゆくゆくは石巻にある「石ノ森萬画館」の顧問になりたいと、私は黒須氏に希望を伝えた。宮城県出身の石ノ森章太郎を記念する石ノ森萬画館は、津波で深刻な被害を受けた。今はなんとか営業しているが、あまり振るっていない。

3月20日開催「第6回萌えクィーンコンテスト」は、メイド喫茶GRAND PIRATESのあずさちゃんがグランプリ。2016年審査員だった「サイゾー」編集長の岩崎は、多忙を理由に辞退しやがった。

宇宙船をイメージしたビルはユニークでおもしろいのだから、もっと多くの人が訪れる施設にできるはず。東北復興のためにも、アニメ文化および萌え文化を活用すべきだ。石ノ森萬画館を東北における萌え文化のメッカとし、石巻を秋葉原化させたらどうか。

私はおもちゃのトミーに勤め

ていた70～80年代、『恐竜大戦争アイゼンボーグ』『伝説巨神イデオン』などのアニメ作品を次々にプロデュースし、ライバル会社であるバンダイに対抗していた。当時イデオンを観ていた大人たちが今になって懐かしみ、人気が復活しているという。新宿ロフトプラスワンでもイデオンのイベントが開催されているらしい。なぜか私抜きで。

震災以来、6年間何度も繰り返し石巻へ行っている。毎年「萌えクィーンコンテスト」を開催し、ここでも河北新報社の協力のもと、復興支援の募金を集めてきた。かつて私がプロデュースしたアニメ作品の温故知新でもいいじゃないか。萌えクィーンとともに発信していくのも悪くはないと思う。

この考えを3人の候補者に話したところ、反応があったのは黒須氏だけだった。特別の配慮があるかわからないし、選挙違反になっては困るので過剰なヨイショをするつもりはないが、黒須氏を応援したい。無事、黒須氏が当選し、私は石ノ森萬画館の顧問として石巻で晩年を過ごすことができるだろうか。

ところで、環境省が地球温暖化対策として「COOL CHOICE」と題するキャンペーンを展開し、萌えキャラを採用している。この件に関し、アナウンサーでコラムニストの師岡カリーマ氏が、17年3月25日付東京新聞のコラム「本音のコラム」で批判。「ジェンダーコンシャスな時代の潮流に逆行する。けしからん！　と憤慨」「性差別的ともとれる『萌え』の概念を、政府には推進してほしくない」と斬っている。「萌え」が性差別だと？

私は環境省にすぐに連絡を取り、担当課長と会った。萌えクィーンコンテストのことを伝えると、資料を一式くれて「高須さん、今度ぜひタイアップしましょう」と言う。

２０１８年行われる萌えクィーンコンテストは、環境省とのコラボとなるぞ！

ミスコンがあって何が悪い。熟女クイーンコンテストに萌えクィーンコンテスト、ミスパラオ、私は多数のミスコンに関わっている。今度は日本航空学園とともに、女子高生のダンスナンバーワンを決めるコンテストを開催予定だ。私は日本一の男女同権主義者と自負している。ミスコンと女性差別はまったく関係ない。ミスコン出身の女子アナたちがテレビを支えているのも事実。批判した師岡アナウンサーよ、文句あるなら私のところに来なさい！

【今月の懺悔】

石原慎太郎は、自身の人生が弟・裕次郎のおかげで輝けたことを忘却した。だからヨタヨタになり、晩節を汚している。美しき裕次郎からのメッセージが聞こえる。「アニキ、もう人前には出るな。早くこっちに来い」と。

半グレ「怒羅権」が分裂!?
大卒で権力内部に潜り込むニュータイプのワルが現れる

2017年6月号掲載

半グレ集団（準暴力団）「怒羅権（ドラゴン）」内部で激しい権力争いが起きている。実質的なトップを務めていた半グレのビッグネーム・馬場義明氏が、２０１６年、怒羅権幹部を狙って襲撃未遂事件を起こしたのだ。馬場氏はその日のうちに逃亡、行方がわからない状態だ。

内部事情に詳しいA氏によると、「馬場は、オレオレ詐欺などで20億円以上を稼いだが、カネを奪われるのではないかと疑心暗鬼になって、仲間までも疑い、殺そうとした」という。A氏は東京スポーツのインタビューに応じ、「こそこそ逃げ回ってないで出てこいよ」と馬場氏に呼びかけている。

この怒羅権分裂の取材協力を行ったのが、私である。前述した東スポのほか、「週刊金曜日」、毎日新聞、スポーツ報知の取材のセッティングを行った。毎日新聞は上下にわたる特集を組む予定。フジテレビも収録を終え、報道のタイミングを計っている。

怒羅権や関東連合などの半グレは危ない、怖いというイメージを持たれているが、私の怒羅権の現メンバーに対する印象は、「頭のいい青年たち」。パッと見た感じは、４月に入社したてのエリートサラリーマンとたいして変わらない。違う点は腕時計。最低でもパテック・フィリップ、1000万円以上するものを着けている。乗っている車はロールス・ロイス。スーツももちろん新入社員とはケタが違う。

彼らは東大卒の上場企業社員やメディアのトップ社員らに匹敵する能力を持つ。いずれこうした半グレたちから司法試験合格者が出るだろう。医師免許を持つ者や国家公務員になるやつも出るかもしれない。事実、彼らは大卒が多い。いまや東京のやくざは優秀なやつを大学に入れ、エリートを養成する集団となっている。そして、弁護士、公認会計士、医師、あるいは官僚となって権力側に潜り込み、組織を守る。まさしくマフィア化が進んでいる。

「半グレ」界に異変あり
関東連合につづき怒羅権も分裂か

「週刊金曜日」（画像）の記事は私が仕込んだ。怒羅権メンバーの多くは江東区や江戸川区など下町出身者。私が勤めていたトミーは葛飾区立石にある。そのころの人脈が今に繋がっている。

かつて怒羅権は中国残留孤児の二世、三世が多かったが、今は違う。完全なる反権力ではなく親権力。反権力が直情径行型だとするなら、今の彼らは深慮遠謀型である。アンダーグラウンドの世界は劇的に変わってきている。

そういえば、キャバクラ嬢、水商売の地位も一時期よりもずいぶんと上がった。昔は十把一絡げでバカにされることが多かったが、もはやそんな時代ではない。キャバ嬢雑誌「小悪魔ａｇｅｈａ」のがんばりも大きい。

４月26日、渋谷のセンター街でＡＶ出演強要の被害を防ぐための政府主催の街頭パレードが行われた。男女共同参画担当大臣、渋谷区長、ＮＰＯ団体、大学のボランティアサークルなどが参加したという。確かに人身売買的な強要は許されることではないが、それらは個別に摘発すべき問題で、政府主導であたかも「ＡＶ嬢になってはいけない」という印象を与えるパレードを行うことは憲法違反ではないか？

ＡＶ嬢もストリッパーもソープ嬢も、職業として存在することは問題ないはず。確信的にそれらの職業に就く女性はいる。自分の時間を切り売りして稼ぐよりも、自分の体ひとつで戦って稼ぎたいと考える女性は少なくない。

４月28日に急死した、浅草ロック座の名誉会長・斎藤智恵子さんは生前こう言っていた。

「人に頭を下げて借金するくらいなら、女は黙って〝裸体〟で金を稼いだほうがはるかにいいのよ」

この言葉が、しみじみ思い出される。事実、私が毎年主催している「熟女クイーンコンテスト」でグランプリを受賞した子たちは、２年連続で自ら進んで吉原の老舗ソープ店・金瓶梅に入り、年収３０００万円を稼ぎ出している。普通のＯＬの10年分を１年で稼ぐ計算だ。これもひとつの生き方である。

強要や恐喝なんて一世代前のやつらがやること。ニュータイプの半グレややくざは合法的に稼いでいる。

5月18日、「団鬼六を偲ぶ会」というイベントを銀座まじかなで開催する。自ら創刊した雑誌「ＳＭキング」が発禁になっても負けじと戦った故団鬼六さんをリスペクトして、団さんの未亡人ほか、ゲイ雑誌「薔薇族」で長年にわたり闘ってきた伊藤文學、32歳のＡＶ嬢・里美ゆりあが出演する。

里美は、ＡＶ出演も売春もキャバクラ勤務も経験し、今も六本木で働いている。２０１４年には、体を張って得た所得約2億４５００万円のうち、国税は追徴課税と称して約1億１５００万円も持っていった。里美はこの顛末を本にして稼ぐという。したたかでいい。もちろん私は、出版プロデューサーとして加勢する！

【今月の懺悔】

周りが次々に死に、ところてんのように前に押し出された私。約50年前、これが新しい反権力の生き方だと覚悟して就職した。ヤング怒羅権もこの先50年は生きるだろう。これからの時代の反権力とは？　5月18日語り尽くす！

ロフトプラスワンで21年、ジジイばかり盛り上がる姿にサブカルチャーの終焉を見た

2017年9月号掲載

ライブハウス「ロフト」やトークライブハウス「ロフトプラスワン」などを運営するロフトプロジェクト代表・平野悠がロフトの舞台ウラを綴った『TALK is LOFT 新宿ロフトプラスワン事件簿』（ロフトブックス）を7月に出版。その刊行記念パーティが2017年7月18日に開かれ、特別ゲストとして参加した。私のほかに集まった面々は鈴木邦男、森達也、本橋信宏……あとはわけがわからない有象無象ばかり。約100人しか入らないロフトプラスワンが半分ほどしか埋まっていなかった。その瞬間、サブカルチャーの時代は終わったと思った。

ロフトプラスワンは1995年7月にオープン。ライターズ・デンの中森明夫が火を着け、私が96年3月からイベントを主催するようになりエロにも手を広げ、宮台真司がアカデミズムを持ちこんだ。

私が初主催したのは藤田朋子騒動のさなか。テレビの取材陣を多数連れてきたのは私が最初だ。エロス、スキャンダル、とにかくいろいろやった。喧嘩上等、舞台での乱闘も覚悟の上。観客相手に暴力事件を起こしたときは、平野と一度決別し、三浦和義に「高須さ

ん、暴力はだめです」とたしなめられた。

　ロフトに野村沙知代を出演させたときは、『とくダネ！』（フジテレビ）の小倉智昭が「（会場に来ている）若者たちはいくら貰って来たの？」とヤラセを疑う発言をし大騒動となった。映画『靖国　YASUKUNI』の上映会は、左翼で登壇したのは私だけ。元赤軍派議長の塩見孝也もビビって来なかった。舞台も客席も全員右翼活動家ばかりで私は発言を封じられた。

　さまざまなシリーズ企画が10回未満で終わるなか、私の主催イベントはいつの間にやらロフトの最長記録となった。21年間で主催やメイン企画が85回、ゲスト出演が116回。熟女クイーンコンテストが年2回、8月15日に終戦記念イベントで年1回、加えて年にもう1回ほどエロ関係のイベントをコツコツとコンスタントに開催してきた。

　だが、徐々にロフト自体が自主規制するようになった。エロは「明るくやってくれ」と指示され、放尿ショー、飲尿、性器むきだしは当たり前だった私は、やりたいことの1％もできなくなった。観客の撮影は自由なのに、本当にヤバい画像、映像はネットに流れない。カメラ小僧のほうが自主規制しているからだ。

　最近では、ロフト独特の昭和レトロな雰囲気も、「薄汚い」「不潔」「トイレが汚い」という形容に変わり、

書籍『TALK is LOFT』は90年代以降のサブカル史を知る上での資料的価値も高い。第六章には、私にまつわる事件、特にサッチー騒動時のフジテレビと小倉智昭との戦いが収められている。

90年代以前に逆戻り。大手芸能プロ所属のタレントが出演するイベントも多くなり、アングラ感は消え失せた。96年当時、レジ係だったスタッフKがこの春、社長に就任。ロフトが生んだスター、リリー・フランキーはベストセラー作家で、売れっ子俳優になった。隔世の感がある。

だから私は数年前からロフトプラスワンは熟女クイーンと終戦記念イベントのみに絞り、その代わり定員40人ほどの銀座「まじかな」でイベントを行うようになった。継続と同時に、新たな試みが必要だ。

そんな時代を生き抜くために、かつて「メディアミックス」と言われた、高須的混合アドバタイジングを行っている。松居一代が動画でさかんに告発しているが、あの方法はすでに私が5年ほど前から行っているもの。テレビは勝手にカットするから当てにならない。自らネットで「モッツチャンネル」を作り、言いたいことを言う。

その一方で、紙媒体を大切に長く続けてもいる。「サイゾー」『夕刊フジ』『サンケイスポーツ』「月刊実話ドキュメント」は、いずれも連載を15年以上続けている。5月号で「実話ドキュメント」が休刊になったが、同誌はヤクザの話題を主としているため、大谷昭宏も宮崎学もみんな記名で書くのは嫌だと逃げ出した。私は最後まで記名で書いた。

話は変わるが、最近の与党の女性議員がひどい。安倍晋三が気に入っているのは、タレントやキャスターばかり。もともと自民党の女性議員といえば扇千景、山東昭子、そして7月に亡くなった歌手の安西愛子。この元祖3人娘は、芸能界から転身し、政界のセクハラ、パワハラに耐え、身をていして生き抜いた。それに比べ、平成の3人娘、丸川珠代、三原じゅん子、今井絵理子は小粒だ。

新内閣に三原が入らなかったのでホッとしている。軽佻浮薄な三原が入閣すれば日本は終わり。そのときは私がプロデュースした三原の写真集『Ｊｕｎｃｏ』（94年刊）を再販する。「陰毛はいいけどおっぱいはだめ」と言った写真集だ。出版差し止めは覚悟の上だ。

【今月の懺悔】

細川ふみえを再起させようと思う。おびえたような目の奥に力強いものがある。亭主が破産、離婚、女手ひとつで息子を育て、篠山紀信にそそのかされてヘアヌードを出版。今井絵理子より数奇な人生だ。細川を国会へ出したい。

【連載15周年特別企画】高須がソープランド愛と「薔薇族」復活を熱く語った夜！

2015年8月号掲載

自称〝サイゾーのフィクサー〟高須基仁の本誌連載が15周年に突入。それを記念するトークライブ「吠える!! 喰らう!! 噛み付く!!」が2015年6月19日に銀座のライブハウス「まじかな」で開催された。高須がゲストに指名したのは、ソープランドのオーナー・西村寛童氏。やり手の西村氏は吉原の老舗ソープランド・金瓶梅のほか、複数の性風俗店を所有する。高須は「吉原が東京都の弾圧を受けている！ 300年続いてきた廓文化が危ない！」と憤慨し、西村氏と共に戦う決起対談を行うはずだったが……それは、カオスな夜の始まりだった。

高須基仁（以下、高須） 金瓶梅は吉原ではダントツの人気です。今日も西村氏は、人気ソープ嬢を5人も従えて来てくださった。

西村寛童（以下、西村） 私は14歳のときに泪橋を泣いて渡って吉原のソープの経営一家に売られてきて、養父が私を手塩にかけて育ててくれました。そして、14歳から「おじちゃん、お写真だけでも見てください」と一生懸命呼び込みを手伝っておりました。それから30年がたとうとしております。私は吉原の全盛時代をこの眼に見ております。24時間営業がかなった時代でした。今は30分7000円の格安店、あるいは8万円を掲げて6万円にディスカウントするエセ高級店が横行しています。群雄勃興です。しかし、女の子の収入はどうなのでしょうか。私はグレートスタンダード3万円、これが最強と唱えてやみません。なぜなら35年前の料金がそれだったからです。この金額で最高のサービスを提供するのが吉原の誇りです。

高須　格安店では女性へのバックが少ないことを、西村氏は警告をしているわけです。

西村　はっきり言って、30分4000円のお店をつくっても絶対負けない。でもそんなことをやっていたら吉原は最後です。だからグレートスタンダードをお題目のように唱えています。私は吉原を愛し、吉原を守り抜きたい。

高須　東京都からは相当弾圧を受けているんですか？

西村　それについては何も言わない。都を刺激してもいいことはな

高須とメインゲストの西村氏（左）。高須は西村氏から高級時計をプレゼントしてもらいご満悦。

いから。

高須　私は20歳のときに全学連で防衛庁に突入しまして、凶器準備集合罪で懲役1年半いきました。でも当時の中央大学はリベラルで退学にならず、5年かけて卒業。そのときに最もお世話になったのが、おもちゃ屋と吉原です。当時、おもちゃ業界は、前科者や同和の受け皿になっていました。私は葛飾区、京成立石にある、おもちゃのトミーに就職。また、全学連の優秀なやつらを多数おもちゃ業界に入れました。私の手下が勘定したら1729人！みんな前科者でベトナム戦争反対で！！　そういう流れの中で、俺は今のありようが……。

観客の一人　ジャストモーメントプリーズ！　大好きな男、高須基仁にお金を（と箸に挟んだチップを持ってくる。会場から拍手）。

高須　ありがとうございます。俺ら全学連、浄財をいただいたらどうするか。金瓶梅の5人の女の子、どうぞ1万円ずつ……（会場から拍手）。こういうことが俺らがやってきたことですよね。

西村　何が？

高須　みんなが俺のことを「毛の商人」って呼ぶけど、儲かった金は、まずは働いてくれた女性のみなさんへ。俺らはその余った金で生きてきた。それが西村氏のベースにもある。大事な考え方だよ。そこで聞きたいのは、金満中国について。今、銀座は中国人だらけ。吉原は中国人観光客の受け入れについてはどういう状況なんでしょうか。

西村　はっきり言って、吉原は閉鎖的というか、外国人を受け入れてるお店は約160店舗のうち1割に満たないと思います。ただ手前どもでは40年前からみな平等だという養父の教えの通り受け入れ、生意気ながら料金だけは「1万円くらい他国で使ってくれてもいいじゃないか」と、外国のお客さんは一律1万円アップの4万円にし、当店には人も羨むような外国人の行列ができております。ありがたい現実、そしてまた悲しい現実でもあります。日本のことをどう思っているのかわからない中国旅行客です。ただ私の気持ちはみな平等。アソコがデカすぎる黒人の方にはご遠慮いただいていますが。

高須　一方で、日本の男の性欲が弱くなってきています。どうですか？

写真上／真ん中が伊藤文學氏。なぜか「愛の潤滑油・ラブオイル」を会場で配布。
写真下／金瓶梅の人気ソープ嬢や西村氏の後継者であるジュニアたちも加わり、記念撮影。

西村　（質問を無視して）はっきり言ってて、私は銀座ではモテますよ、はっきり言ってね。でもいまだ独身。はっきり言って、おふくろに怒られております。私は吉原を1回ぐった女性を嫁にめとりとうございます。

高須　先週、夜10時に西村ちゃんから電話がかかってきたんです。「銀座に来ない？」って。こっちはセックス中。1回やると疲れちゃって2時間くらい立ち直れない。

西村　はっきり言って、サイズも時間も短いほうが女性は楽。あんまり熱心に突いたりこねたりしてはだめ。これは吉原でも一緒。

男におちんちんはなめられたくない！

高須　もうひとつ、ある反権力政党の元女性党首について。あーだらこーだら言ってるんですよ、ソープは女性の不幸の極みだ、隷属した仕事に就くことは憲法が禁止している、みたいなことを。4日前にその元党首と会ったときも、「高須くん、吉原のソープに肩入れしてるの？　あなたに戦争問題を語る資格はない」と言うから、「てめえなんかにガタガタ言われる理由はない。トップエリートの弁護士に、独り働きの人間の何がわかるか。ふざけんじゃないよ、このデブ」と言ってやった。

西村　ソープは慰安婦じゃないんだからね、はっきり言って。

高須　はっきり言って、俺は吉原をバックアップしますよ。

西村　ありがとう。

高須　毎月決まった日に決まった金額をもらう生活の人間にはわからない。そうじゃない人生を歩まざるを得ない人間が山ほどいる。

西村　星の数ほどいるぞ。

高須　その究極が自分の体を張るということ。西村ちゃん、「薔薇族」って知ってるか。男は、男だろうと女だろうと穴があったら入れたい。そこを打ち抜いたオヤジが来てる。

西村　アナーキストだ。

高須　40年間、排除されながらもがんばってきた。エロの大先輩、「薔薇族」編集長の伊藤文

ゲストの女性歌手の方々も、15周年を祝って熱唱。熱い夜に華を添えた。

學先生です（会場にいた伊藤氏が壇上へ）。

伊藤文學（以下、伊藤） 僕がゲイの雑誌を1971年に日本で最初に出しましたけど、実は僕は女好きなんです。「薔薇族」を出してる間は、「フライデー」（講談社）に写真を撮られたら困るんでストリップに行けなかったんですけど、雑誌が廃刊になりましたんで昨日行ったんです。女の人の体はきれいですね。若い頃に行ったストリップ劇場と様変わりして、お客さんがみんな手拍子して一体になってるんですよね。

西村 サンミ一体、つまり酢昆布。

伊藤 え？

西村 酸味が一体になるんですよ、酢昆布ですよ。

高須 俺、「薔薇族」をどうやって復刊するかまじに考えてる。「薔薇族」は日本で最初のゲイ雑誌なんですよ。勇気があるでしょう。なにごとも一番に始めることが大事。ところが今は、一番が誰かみんな忘れるのよ。これがだめなんだよ。マツコ・デラックスとか岩井志麻子とか中村うさぎとか、要するにMXテレビの『5時に夢中！』のバカ野郎たち。変態でもなんでもない、ただのデブとブスと整形。あんなやつがなんでエラそうにしてるんだ。アブノーマルは、ここにいる3人が最高峰だ！

西村 俺ははっきり言って、2万人の女のヒモだ！

高須 俺は毛の商人だ！

西村 そうだ、はっきり言って！

高須 文學先生も「肛門についてはナンバーワンだ！」って言えばいい。

伊藤　あ、え……。

西村　はっきり言ったほうがいい。

伊藤　僕は82歳の今になって初めて、男におちんちんをしゃぶられたんです。神戸の坊さんなんですけど、彼は年寄りが好きなんですね。それで先日また渋谷のホテルに泊まって。

高須　円山町ですね。

伊藤　いや、もっと高級、セルリアンの東急ホテルよ。それで1万5000円のコース料理を食べさせてくれて、ベッドでゲイのマッサージの先生とふたりに弄ばれて。

高須　勃起しました？

伊藤　それがしないんですね。快感はありました。今度は吉原に行きたいですね。

高須　俺は67歳だけど、男におちんちんをなめられたことないからね。なめられたら殴っちゃう。俺はなんでもかんでも腹立つんだもん。

西村　立ちすぎ。

高須　西村ちゃんだって、相当腹立ってるでしょう？

西村　立ちません。先生は腹立っていくらの人、私は今は怒ったら負けの人（会場から「腹立てないで、まら立てろ」の声）。

高須　はっきり言って、それは日常的に立ってるから大丈夫。

西村　はっきり言って、マラドーナ。

高須　今日は、いろいろ声をかけたのにマスコミの取材がほとんど来ていない。バカ野郎が！

西村　来たくても来られないんでしょう。「高須が吠えた」くらいしか書けないんだもん。「東京都バカ野郎」とか、そういうこと言うの寒いわ、はっきり言って。

高須　わかった、そういうのはやめよう、エロだけにしよう。

西村　この人は、繊細さをもっと出してほしいね。60も下り坂、海の深い深い奥を知っているのに、なぜ吠えるか。海の中で吠えてみなさいよ、吠えられないでしょう。静かに訥々と語ったときの先生は偉大だ。吠えない高須基仁が見たいね。素面の鬼みたいなね。素麺じゃないよ。

高須　素面の鬼っていいね。

西村　まずは吠えない、静謐。それをしかと拝聴したいですね。

（会場拍手。そして、熱い夜はまだまだ続くのだった……）

【今月の懺悔】

連載15周年なのに、（担当編集の）揖斐がなにもしてくれないから、今回、自分で記念イベントをやった。しかも揖斐はライブの挨拶で「高須さん、連載はまだ14年目なんですよ」なんて冷水を浴びせる。関係ねえよ、バカ野郎！

あとがき

再び、厄介な人

ジャーナリスト　佐藤　純

今、この原稿を書いているのは２０１７年11月15日。小池百合子東京都知事がかき回した第48回衆院選の投票から1ヶ月もたっていない。それなのに、あの選挙がずっと遠い過去のように感じるのはなぜだろう。いや、そんな選挙などなかったような気さえする。

「一瞬の夢」のような秋の出来事だったが、それでも過去の政治や選挙の取材で何度も聞いた「格言」は随所で生きていた。

「選挙で一番ダメなのは冷たいイメージを持たれることだ」という言い伝えがある。それまでテレビのワイドショーを通して圧倒的な人気があった小池氏だが、「排除します」と言った瞬間、有権者は同氏の傲慢さ、冷酷さを感じ取り、ムードが一気に変わってしまった。

「正論を述べる時は控えめに言え。言われた人が傷つくから」という格言もある。「安保」「憲法」の考えが同じ仲間で政党を構成したいという小池氏の考えは正論だが、言い方が控えめではなく、大反発を買った。

「両方から好かれようと思ったら、両方から嫌われる」というのもある。都知事として

2020年東京五輪も成し遂げたいし、女性初の総理にもなりたいという欲はなかったのか。捨て身で勝負するのが身上の小池氏にしては思い切りが悪かった。「凧は、風がやめば落ちる」も良く聞いた。これは説明不足だろう。

◇

わが高須基仁さんである。まもなく70歳になる高齢者だが、ますます元気なようである。そのパワフルさには日々驚かされている。

まず、毎月1回主催するイベントだ。会場は銀座・まじかな、新宿・ロフトプラスワン、ディファ有明、故郷の静岡県掛川市、被災地の熊本市や宮城県石巻市など全国的だ。内容も、熟女や萌えのコンテスト、地下格闘技、地下アイドルのショー、新刊本の発表、故団鬼六さんや伊藤文學さんなど先輩作家リスペクト、震災を考える会、平和を考える会など、エロから安保まで多岐にわたる。

規模も2千万人、数百人から数十人まで。強烈な高須マニアのほか、テーマごとの常連、一見さん、冷やかし、怖いもの見たさの人などばらばらだが、みんなちゃんと何千円かの木戸銭を払って来るのだから、その求心力はハンパではない。高須さんは「ホントに疲れているんだ」と言いながら、終わりまできちんと対応。イベント中はギラリと目を光らせて、「おいこら、そこのお前」とか言って気に入らない人間をやり玉に挙げる。

考えの発信も多層的に行っている。雑誌・夕刊紙の連載は夕刊フジ「人たらしの極意」、サンケイスポーツ「劇ヤバAV嬢」、週刊金曜日「高須芸能」そしてこの本にまとめられた月刊サイゾーの「全摘」などなど。「よくもまあネタがあるものだ」と感心する。というか「よくそれをネタにできたなあ」とあきれる時もある。これだけ書いていれば、中にはもちろん外す時もある。

毎週日曜日には約1時間にわたり「高須基仁のサンデージャパン」というネットTV放送で、持論を展開したり、気に食わない人間をやっつけたりしている。ブログも絶好調。日々の営みのほか、掛川市で独り暮らす母親に会いに行ったことを写真付きでアップして、見る人をほろりとさせている。それにしても、よく駅弁を食べる人だ。

「本業」である本の出版もコンスタントに続けている。この2、3年の出版物（本人執筆のほかプロデュースなども含む）は「慶應医学部の闇」「病める海の街・闇」（パートI、II）、中国語俗語辞典「チャイニーズスラング」、デトックスをアピールする「すべてのアトピーチャイルドの輝き」、「私はそれを我慢できない～マネーアンドセックス」などなど。「慶應の闇」では同大学の医学部長を交代させているし、「海の闇」では被災地・石巻市の行政や経済界のでたらめを厳しく指摘している。

全共闘世代に属し丸太を抱えて旧防衛庁に突入した高須さんだから、政治に対しても黙ってはいない。ライブ、放送、活字、ネットと全メディアにおいて自分の考えを発表している。基本的にリベラルで反権力だが、国土を守るという点に関しては頑固で、「右も左もない。売国奴のような政治家は許さん」と一貫している。

つまずいた山尾志桜里、丸川珠代、豊田真由子の各氏らに対してのまなざしは優しい。だが、調子に乗り過ぎた小池百合子氏、三原じゅん子氏らには容赦がない。同世代の菅直人氏、鳥越俊太郎氏らは「インチキ」「まがいもの」扱い。意外と知られていないが、前原誠司氏が民主党代表選に勝った直後、希望の党への合流をめぐって高須さんに何度か相談している。高須さんは前原氏の話をよく聞き、最後に出したアドバイスは「GO！」だった。

被災地訪問も欠かさない。今年も石巻市、いわき市、熊本市などには複数回足を運んでいる。現地では、復旧状況の視察のほか、若者やお年寄り、子どもたちと交流している。一緒に訪ねた石巻市で高須さんは「何か落ち度があった人が命や家を失うのではない。自然災害は問題無用だから怖い。被災者はみな『自分の備えが足りなかった』と反省の弁を述べているが、どうしたらその境地に達するのだろうか。私は日本人のその姿、心を広く伝えるだけだ」と話した。

◇

新橋5丁目の高須さんの事務所には、毎日いろんな人が出入りしている。メディア・出版関係者、記者が多いが、芸能界、政官界、スポーツ界、風俗業界、警察司法関係者、その筋の人と実にさまざま。それぞれが高須さんのアドバイスやヒントを求めてやってくる。

一度、大金を用意してある仕事を頼みに来た地方の人がいた。別に違法ではないし、反社会的な依頼ではなかったが、高須さんは静かに断った。理由を聞くと「金は欲しいし、別にやっても良かったが、そういう仕事は必ずバレる。そうしたら信頼を失っちゃうからね」。そう語った後「やっぱり引き受ければよかったかなあ。もったいなかったなあ」と言い訳をした。

やばいことをやっておいて「しなければよかったかなあ」ではなく、断っておいて「やればよかったかなあ」である。言い訳が偽悪サイドにスライスする。高須事務所に人が集まる理由を見た気がした。

それにしても、こんなアクティブに活動して、この69歳は世に何をアピールしたいのだろうか。訴えたいことに統一性があるようで、行き当たりばったりのようでもある。謎だ。

◇

唐突だが、先に挙げた政治・選挙取材の「格言」を高須さんにあてはめてみたい。

まず、「冷たいイメージ」だが、それはないようだ。人を批判したり頼みを断ったりするときに迷いがないためクールに見られるが、それは冷たさとは別。むしろウォームハートに基づくことが多い。

第二点。正論を述べるときはむしろ声高に言うのが高須さんの特徴だ。ただ、その「正論」にひと癖もふた癖もある。逆の意味で言ったり、波紋を起こすための言葉だったりで、常に真意を見極めなければならないから厄介だ。ただ、いずれにしても控えめに言うことはない。

その三だが、両方から好かれようなんて気はさらさらない。立ち位置は常に決まっていて揺るがない。左右で言うなら「左」、高低で言えば「低」、強弱なら「弱」、本音建前なら「本音」、そして正邪を問えば「正」。迷いはない。

最後。高須さんが風だけで上がっているなら、とっくに落ちている。「今どっちに吹いてる？」なんて風を探ることもしない。ただ、自分で風を起こすのは得意だし、誰かに吹かせるのはもっとうまいから一時も油断ならない。何年か前「駄目なら駄目の道がある」

とつぶやいたのを聞いた時には、心臓がドキッとした。

高須さんに時々「今のような発信活動をいつまで続けるつもりなのか」と聞く。前は「そんなこと知らねえよ」というのが常だったが、最近は「あと1、2年だろうな」に変わった。そんなこと言わずに、永遠に「厄介な人」でいてほしい。

高須基仁（たかす・もとじ）

1947年12月9日生まれ。静岡県掛川市出身。中央大学経済学部を卒業後、大手玩具メーカーのトミーに入社。玩具開発の最前線で数々のヒット作を連発し、「プラレールの高須」「UNOカードの高須」などと呼ばれる。後に、英国系企業に移籍。ファミコン出現以前の玩具業界で、超ヒットメーカーとして活躍する。その後、芸能プロダクション、制作会社、モッツ出版の経営に乗り出す。1990年代にはヘアヌードの仕掛人として、数多くの写真集をプロデュースし話題となる。1996年から文筆活動を開始し、多くの連載コラムで人気を博す。著書多数。

※本書は、月刊誌「サイゾー」（サイゾー刊）に掲載したコラムを加筆修正、収録しました。文中の名称・　肩書等な当時のものです。

私は貝になりたい vol.3

乾坤一擲わんざくれ

2018年2月1日　初版第一刷発行

著　　者　**高須基仁**
発 行 者　**揖斐　憲**
発 行 所　株式会社サイゾー
〒150-0043　東京都渋谷区道玄坂 1-19-2 スプライン 3F
電話　03-5784-0790（代表）

編　　集　安楽由紀子
装　　丁　加藤茂樹
印刷・製本　株式会社シナノパブリッシングプレス

ISBN 978-4-86625-097-7